スティグリッツ×ファーガソン

欲望の資本主義4

不確実性への挑戦
コロナ危機の本質

丸山俊一＋
NHK「欲望の資本主義」制作班［著］

東洋経済新報社

はじめに

理論と歴史を両輪に思考する時

新型コロナウイルスが引き起こしたパンデミックはグローバル経済のシステムの中核に大きなダメージを与えた。選択と集中が叫ばれ、常に効率化を、そして利潤最大化を追求し続けた、現代の資本主義。その実現のため、過密なまでの人口の集中を成し遂げた各国のグローバル都市のありよう、「社会的距離」をとることがままならない多くのサービス業の実態など、高度な資本集積のためには「最善手」とされてきたシステム、その社会構造の脆弱性が、思わぬ角度からの「外部」からの「侵略者」によって、あぶりだされた。

だが、それを本当に「外部」と位置づけてしまってよいのか？　自然の中に存在するウイルスという脅威。人間という生命体が築き上げてきた社会への本質的な分析、人類が自らの生存のために歴史の中で培ってきた真の知恵を繰り出す時がやってきたのかもしれない。

本書は、「欲望の資本主義２０２０〜日本・不確実性への挑戦〜」「シリーズ　コロナ危機　グローバル経済　複雑性への挑戦／回復力の攻防戦」と、ジョセフ・Ｅ・スティグリッツ、ニーアル・ファーガソン、それぞれへの3回にわたる取材の記録だ。新型コロナウイルスによるパンデミックを間に挟んで行われることとなったインタビューは、コロナ後の切迫感ある中での言葉ももちろん示唆に富んでいるが、興味深いのは、それ以前すなわち「欲望の資本主義２０２０」において、既に問題の本質は明確に指摘されていることだ。現代の我々が日々暮らす社会システム、資本主義の構造について、二人それぞれの角度から語られる分析、展望にじっくりと耳を傾けてほしい。

ノーベル経済学賞受賞の「重鎮」という扱われ方に胡坐をかくことなく、格差、気候問題などの抜本的な解決のために精力的に動き、現実的な課題に対しても提言を続ける理論経済学者、ジョセフ・E・スティグリッツ。世界各国の企業家たちからの信頼が厚く、ものごとの盛衰を大きな時の流れから見るとともに、そこで蠢く人間の性《さが》まで視野に入れ、背後にある社会、文化の構造まで描き出し未来を展望する歴史学者、ニーアル・ファーガソン。

理論と歴史と。二人の視点を両輪に、今、これからを考えることは、大きなヒントとなるだろう。

「やめられない、止まらない、欲望が欲望を生む、欲望の資本主義」

毎回、「欲望の資本主義」冒頭で問題提起の役割を果たすナレーションだ。決して現実を誇張する気もなければ、不安を煽っているわけでもない。「豊かな社会」を達成した後の多くの国々にあっては、際限のない欲望が資本主義を駆動している原動力であり、そしてそれはさまざまな意味において制御、コントロールすること、適切なところに落ち着かせることは、至難の業だからだ。一度解き放ってしまった欲望を、収めることは、とても難しい。ずっと以前から経済の主役が「第三次産業」「サービス業」となり、無形のアイデアこそが富を生むとされる「ポスト産業資本主義」にあってはなおさらのことだ。

　だが、だからこそ、ここで立ち止まり……、否、立ち止まることすら許されない資本主義のメカニズムの中にあって「動体視力」を鍛えるべく、二人の言葉をきっかけに考えていただきたい。本質を見抜く目、洞察する思考、構造を明らかにする発想……。それらが、この不透明な状況を切り開いていく助けとなれば幸いだ。

欲望の資本主義4［もくじ］

第1章

ネットワークは良いものも悪いものも伝達する

未来を展望する歴史学者

ファーガソン

ニーアル・ファーガソン

Niall Ferguson

歴史学者／ジャーナリスト

富を巡る人類の繁栄と滅亡の歴史を洞察。世に広める。

著書『スクエア・アンド・タワー』他。

階層からだけでは見えない社会の構造

――ご著書『スクエア・アンド・タワー』をとても興味深く拝読しました。19世紀後期以前には「ネットワーク」という用語がめったに使われていなかったと指摘されていますが、知りませんでした。

ファーガソン　「ネットワーク」をテーマとして歴史を見直してみるという発想が浮かんだ時、最初に取り組んだのは、「ネットワーク」という用語そのものの検索でした。調べてみると、その言葉はシェークスピアの戯曲にも出てきません。文字通り、漁猟で使う漁網を意味するものを除けば、19世紀までの英語には、その用語は一切現れませんでした。

ネットワークが今日の意味として使われ始めるのは、鉄道が登場してからです。大変、興味深いことです。ネットワークという言葉が非常に現代的な発想であることが

ニーアル・ファーガソン

分かったからです。

『スクエア・アンド・タワー』のもう一つのキーワードは「階層制（hierarchy）」ですが、その用語は原始キリスト教時代から使われている古い言葉です。私たちは長い間、社会について考える時、ネットワークではなく、階層構造として理解していたということを示しています。そして、それは長い歴史の中で、私たちに染みついた考え方となっているのです。

19世紀は、自転車の車輪のような「ハブ・アンド・スポーク」型と呼ばれるネットワークの時代でした。日本でもそうだと思いますが、ほとんどの国の鉄道の路線図では、大都市の大きなターミナルがハブとなって、その中心から外に向かって放射状に路線が広がっている姿が見られます。東京駅がそうでしょう。テレビのネットワークの性質も同じです。中心に放送局があって、そこからネットワーク内のすべてのテレビに同じ信号を送るのです。

重要なポイントは、ハブ・アンド・スポーク型のネットワークは簡単に制御できることです。このネットワークは中心で全体を容易にコントロールできます。ネットワーク内のすべてのノードは、鉄道網であれば各駅、テレビ網であれば各受像機が、その中心に従属しています。

ところが、20世紀以降、特に21世紀には、さまざまな種類のネットワークが登場し、それらのネットワークには中心となるような制御要素があまりありません。インターネットの特徴は「分散化」です。つまり、中央が分散化しているということです。それが『スクエア・アンド・タワー』の大きなテーマです。

――歴史学の主流はネットワークの役割を軽視し過ぎていて、他方、陰謀論者はネットワークの役割を誇張していると、指摘されています。

ファーガソン　歴史の文献を検索すると、一つ問題があることに気付きます。著名な主流の歴史学者たちは、ネットワークの役割をほとんど無視し、階層制に基づく考え方で記述する傾向があるのです。

それには、理由があります。古文書は歴史学者にとって金鉱のようなものです。過去に何が起こったか知るために、私たちは古文書を渉猟します。一方、古文書を沢山保有しているのは、政府や軍、大企業などです。それらは、非常に階層的な機関であ

り、情報を集中管理するために古文書を保管する傾向があります。結果、政府や伝統ある大組織の古文書を読めば読むほど、知らず知らずのうちに、歴史学者の過去に対する見方が歪んでしまい、階層制寄りの考え方になってしまうのです。

それに対し、分散型のソーシャル・ネットワークには、集中管理されている古文書のようなものは通常、あまり存在しません。そのため、その歴史を記述するのは、中央制御型の組織の歴史を記述するのに比べて非常に難しいのです。

歴史に非常に重要な役割を果たしたいくつかのソーシャル・ネットワークについて調べても、集中管理されている古文書は存在しません。歴史学の研究を始めた頃、私はユダヤ人銀行家のネットワークに強い関心を抱いていました。そのネットワークは19世紀から20世紀にかけてのドイツ、イギリス、アメリカの社会に強い影響力を持っていました。しかし、当時を知ることのできる集中管理された古文書はどこにもなく、あちこちの銀行を訪ね歩いて資料を探すほかありませんでした。

一方で独り歩きする陰謀論

——陰謀論者についても、お話しください。

ファーガソン　ええ、他方、ネットワークに関する記述をことさら好む歴史学者がいます。しかし、彼らは実は歴史学者などではなく陰謀論者なのです。インターネットで「Illuminati」と検索してみてください。陰謀論者たちの奇妙な世界に入ることができます。彼らは決まって、秘密結社があって、それが世界を操っていると主張します。「イルミナティ（Illuminati）」はダン・ブラウンの推理小説『ダ・ヴィンチ・コード』で有名になりました。イルミナティは18世紀の後半にドイツに実在した組織です。ネットワーク内ネットワークのような組織で、それは次第にフリーメーソンに浸透していきました。

私は著書でイルミナティの歴史を書きましたが、インターネット上にある情報の大半は、空想に過ぎません。陰謀論を好む人々には証拠にこだわらない傾向があり、彼らの関心は陰謀説の拡散にあります。そして、決まり文句は、陰謀は非常に巧妙であるため、「記録を残さない」です。つまり、単なるでっち上げなのです。

同じようなことは、ロスチャイルド家についても言えます。言うまでもなく、金融史上、最も有名な一族です。私はロスチャイルド家について上下巻の歴史書を書いていますが、インターネット上で「Rothschild」を検索すると、驚くことばかりです。「Illuminati」と同じくらい、馬鹿げた情報が蔓延しています。衝撃的と言ってよいほどです。

一方に、階層制の観点でしか歴史を記述できない古めかしい歴史学者がいて、首相や大統領、王や女王のことばかりを記述し、他方に、愚かな陰謀論者がいて、ロスチャイルド家とイルミナティが世界を支配していると言い張っています。これでは、歴史の真の姿は見えません。

そのような情報が氾濫する中で、中間の地点を見つけ出して、証拠を示してネットワークの役割を証明したり解説したりすることには困難が伴います。歴史のほとんどは、階層制とネットワークの闘いだったのですが、それを示すのはとても難しいのです。

自然状態のインターネット世界

――現代に目を向けます。キッシンジャーは「サイバーパワーは自然状態と変わらない」と書いています。どのような意味なのでしょうか。

ファーガソン　今まさにヘンリー・キッシンジャーの伝記を書いているところです。第1巻は既に出版し、今は第2巻の執筆中です。キッシンジャーはアカデミズムの出身にもかかわらず、権力と政治の世界にうまく転身した非凡な人物です。ハーバード大学の政治学の教授でしたが、１９６９年にニクソン共和党政権の国家安全保障担当補佐官になり、ニクソン政権、フォード政権で国務長官を務めました。現在も、96歳の高齢にもかかわらず、国際政治に活発な発言を続けています。

キッシンジャーはテクノロジーに強い関心を持っています。ご指摘の議論は、彼が最近発表した人工知能やサイバーセキュリティーに関する論文に記されています。

キッシンジャーの言う「自然状態」は、17世紀にトマス・ホッブズが『リヴァイアサン』に記した「自然の状態」とよく似ています。17世紀初頭の30年戦争「プロテスタントとカトリックの対立を背景に、神聖ローマ帝国を舞台に、欧州各国を巻き込んで繰り広げられた宗教戦争」で、混乱と無秩序、争乱を目の当たりにしたホッブズは、支配の構造、つまり、国家の階層的な権力をなくし、人々の自由意思に任せておくと、社会は無秩序状態になり、暴力と狂気が広がると主張しました。

キッシンジャーはインターネットの世界でも、新しい形の自然状態が生まれると主張しているのだと思います。インターネットの世界にはルールが何もなく、サイバー戦争が絶えず、国家同士が攻撃し合うばかりか、個人までもが、国家や他者に対して闘争を仕掛けています。インターネットが17世紀初頭のヨーロッパのような状況を創り出しているのです。そこは、主権そのものがないに等しい状況となっています。規則もなく、従って抑制もありません。野放しの情報戦争があり、その中で、例えば、ロシアがアメリカや他の国の選挙に干渉したりしています。

「秩序が必要である」というキッシンジャーの主張に私も賛成です。秩序がなければ、大混乱が発生します。それは、インターネットからアメリカの政治へ、ヨーロッパの政治へというように、実世界に波及しています。

歴史に学べば、まさにウェストファリア条約「30年戦争の講和条約。近代国際法の端緒となった」のようなもの、つまり、各国が自らを抑制するために特定の規則について合意することが必要だと主張し、私はそれをサイバー・ウェストファリアと呼んでいます。しかし、私たちは、今のところ、この問題の解決策を持っていません。現状はサイバー・ウェストファリアには程遠い状況なのです。インターネットの世界では、30年戦争のような状況が続いています。そして、それはおそらく、まだ初期の段階でこれから本格化することでしょう。

臆測の問題——意思決定者のジレンマ

——その他にもキッシンジャーの伝記を書くことで学んだことがあれば、いくつかお話しください。

ファーガソン　一つは、彼が「臆測の問題」と呼ぶものです。それは、結果として、政治だけではなく、多くのことに当てはまります。キッシンジャーは意思決定者の誰もが直面する一種のジレンマについて記述しています。

例えば、みなさんが首相であると考えてみてください。みなさんが大惨事のリスクに気付いたとします。が、可能性は高くはなく、単なるリスクの段階です。できることは二つです。一つは、リスクを公表し、あるいは公表しなくても、リスクを最小限に留める行動を起こすこと。もう一つは、何もせず、幸運を祈ることです。みなさんならどちらを選択しますか。

この選択にはジレンマがあります。大惨事を阻止しようと先手を打って、コストをかけて行動しても、決して報われることがないからです。起こらなかった惨事に対して感謝する人はいません。一方、何もしなければコストはかかりません。しかし、不運にも大惨事が起こってしまう危険性があります。大惨事の後で、危険性に気付きながら何もしなかったことが暴露されれば、厳しい批判に晒され、責任を追及されることになります。これが意思決定者のジレンマです。

民主主義社会の意思決定者は何もせず祈ることを選択しがちです。起こらないかもしれない惨事を回避するために費やしたコストは確実に痛手となりますが、もし、惨事の回避に成功したとしても、誰からも評価も感謝もされず、報いられることはないからです。キッシンジャーが「臆測の問題」で明確にしたように、これは大きな問題です。

この問題は、政治ばかりではなく経済の領域に置き換えて考えることができます。企業の経営者の誰もが日々臆測の問題に直面しています。みなさんが経営者だとしたら、リスクを回避するための投資と祈りのどちらを選択するでしょうか。

私は、中央銀行のエコノミストも「臆測の問題」に直面していると思います。２００８年の金融危機の際の、連邦準備制度理事会（ＦＲＢ）の官僚やエコノミストは「何もしない」を選択しました。リーマン・ブラザーズの倒産の影響を軽視し、ただ、データが集まるのを待って、彼らの経済モデルを元に作成していたマニュアルに従い限定的な対応しかとろうとしませんでした。まさに、典型的な官僚的対応です。

この問題には、当時ＦＲＢ議長の職にあったベン・バーナンキ〔経済学者。１９５３年生まれ。２００６年から２０１４年まで、ＦＲＢ議長を務めた〕も直面しました。幸いにも金融の歴史を学んでいたバーナンキは世界大恐慌に至る危険性をいち早く感知し、官僚の選択を退け、慣例に囚われない急進的でリスクの伴う金融政策に打って出ました。その政策は１９９０年代の日本の経験をモデルにしたものでした。

しかし、量的緩和を打ち出したその政策は評価されませんでした。金融恐慌は起こってしまったからです。多くの人が連邦準備制度理事会を批判しました。

私は、彼の判断は正しかったと思っています。あの時点で量的緩和を打ち出さなければ、世界はもっと悲惨な、1930年代のような大恐慌に見舞われていたかもしれません。しかし、それは「避けられた大惨事」の典型的な事例です。その功績が認められることはほとんどないのです。

アベノミクスをどう評価するか

――「アベノミクス」についてどの程度ご存知か分かりませんが……。

ファーガソン　3本の矢ですね。

――そうです。アベノミクスをどう評価しておられますか。

ファーガソン　その政策が公表された当初、アメリカは高く評価しましたが、私もその一人です。１９９０年代から２０００年代にかけて、日本を苦しめてきた経済の低成長とデフレに対して、安倍首相がより積極的な手法に打って出ることにしたように見えたからです。私は、さまざまな政策を注意深く追っていました。金融政策、財政政策、そして、構造改革についてです。

過去10年間の日本経済のパフォーマンスを見てみると、有意義な改善がいくつかはありましたが、革新的な成功だったとは言えないと思います。デフレ、もしくはゼロインフレの流動性に未だに支配されているからです。日本銀行はインフレの目標達成に成功しておらず、多くの国民はインフレを望んではいないようです。そして金利は、基本的に０％付近にあります。デフレ流動性を払拭できず、ゼロ金利が続く状況ですから、金融政策も財政政策も成功したとは言えないでしょう。

構造改革も期待外れでした。私たちは２０１９年の今でさえも、アベノミクス当初と同じ議論を続けています。財政刺激はどの程度の規模であるべきかという、古い議論を繰り返しているのです。海外の投資家が日本市場に投資しやすくする仕組みを含め、課題は多岐に及びます。アクティビスト［企業の株式を一定程度以上保有し、経営陣に対し積極的に提言しようとする投資家」の活動を制限する規則など、間違った方向に進んでいるようにさえ思えます。

　アベノミクス当初は、日本の企業統治文化が本当の意味で変容し、経営陣や取締役会がアクティビストと議論を戦わせるようになることを期待していました。それが、日本経済のパフォーマンスを向上させることに繋がると考えるからです。日本の実業界もアメリカのような経営をしたほうが、より良い結果が望めるのではないかと思います。

　しかし、文化を変えるのは容易なことではありません。特に、人々の危機感が希薄なうちは非常に困難です。そして、それこそがアベノミクスの際立った特徴です。

アベノミクスの成果を挙げるとすれば、日本経済が「安定」していることを内外に示せたことだと思います。日本経済は、著しい低成長とゼロインフレの定常状態にあるかのように見えます。それが、「安定」という意味で評価されました。

　今日の日本には、私が記憶する１９９０年代のような危機感はありません。それは、ある種の成功と言えるのかもしれません。不安定が定常状態である世界の大半の国々からは、その安定性が羨まれているのです。

社会は複雑で、簡単な数式では説明できない

——議論を呼ぶ政策の一例をあげましょう。岩田規久男・前日本銀行副総裁は、量的緩和の推進者でしたが、それに反対するエコノミストも少なくありませんでした。折衷案にすら辿り着けず、対立は解消されていません。このような主張の違いはなぜ起こるのでしょうか。経験や興味、社会の見方などその人の個性に起因する側面もあるのでしょうか。

主張の違いがある中で、政策決定者は政策を決定しなければなりませんが、政策が成功だったか否かはいつになれば分かるのでしょう。永遠に分からないのでしょうか。歴史学者としてどのように思われますか。

ファーガソン　政策決定の問題の一つは、社会の複雑さを理解しようとしない経済学者の影響が大き過ぎることだと言えます。日本のような社会は複雑なシステムです。

社会的ネットワークが、市場経済や現代的な官僚制とまじりあっているからです。そのような複雑なシステムを線形数学モデルで理解するのは不可能です。複雑なシステムは本当に非平衡状態なのではありません。そのように見えるだけです。けれど、些細なショックや動揺により、複雑なシステムが一転してカオスになることはあります。

経済学者は社会が複雑であることを認めるのを嫌います。彼らは社会を単純化された線形の数学モデルで説明することを好みます。失業とインフレにも単純な相関関係を求めました。それがフィリップス曲線〔物価上昇率と失業率に負の相関関係があることを示す〕です。経済学者はこの10年間、フィリップス曲線を証明する事例を探していますが、データ上、そのような事例は見つかっていません。モデルとしては存在しても、現実世界ではそんなことは起こっていないのです。闇雲に経済モデルを崇拝していると、間違えた予測をし続けることになります。単純化されたモデルは複雑なモデルへの通過点と考えたほうがいいのです。起こる確率を予測できるリスクよりも、予測できないリスクのほうが遥かに多いことを認識すべきです。

もちろん、起こる確率が分かるリスクもあります。例えば、1年以内に交通事故に遭う確率やがんに罹患する確率は分かります。けれど、年内に戦争が起こる確率や大地震が発生する確率は分かりません。分かるのは、いつか大地震に見舞われることだけで、それが分かっても、あまり役には立ちません。

国家や社会は複雑なシステムで、リスクモデルで把握できるのは人々の行動のほんの一部に過ぎません。ほとんどの事柄は不確実性の領域にあるのです。これは頭の痛い問題です。人間は不確実性を好まないからです。

しかし、人間は進化の過程で、不確実性へのさまざまな対処法を身につけてきました。経験則で判断し、歴史から学ぶことです。あるいは宗教です。「心配ない。何があっても神様がお守りくださいます」と宗教は教えます。これが不確実性に対処する方法なのです。あくまで一つの方法ですが。

社会が複雑であることを認め、自分が不確実な世の中で生きていることを受け容れるのは案外難しいことで、多くの人は目を背けています。

日本の量的・質的金融緩和政策

――2013年の時点での日本の量的・質的金融緩和政策は、賛否両論ありました。

ファーガソン　ベン・バーナンキは、「金融緩和は理論上よりも、うまくいく場合が多い」と言っています。

金融緩和政策で、中央銀行が市場の国債を買い上げたり、預金準備率を引き下げて銀行の超過準備を増やしたりすると、金利が下がり通貨供給量が増えるという効果がありそうです。けれども、金融緩和が利下げに影響を与えたのか、それとも、金融緩和がなくても金利は下がっていたのか、確実なところは実は誰にも分かりません。

分かっているのは、アメリカやヨーロッパや日本で金融緩和が行われた際に、同じタイミングで経済が上向いたということだけです。金融緩和が景気回復の主な理由だったのか否かは明確には分かりません。金融緩和をしなくても、いずれ経済は上向いていたのかもしれないのです。ここが金融緩和を理解する難しさです。

日本の金融緩和政策は基本的に円の下落を意味しました。アベノミクスの結果を見てください。最も顕著だったのは円の大幅な下落でした。けれど、アメリカでは同じことは起こっていません。ドルは下落しませんでした。この点が日本とは大きく違います。

日本がもう一度、前回のように円を大きく下落させるのは不可能でしょう。そんなことをすればアメリカ政府、つまりトランプ大統領が激怒するからです。そうなれば日本は再び貿易戦争に巻き込まれてしまいます。日本は円安誘導というカードを切りうまくいきました。しかし、同じカードは二度と切れません。

定常状態の日本

――日本は長期にわたり低成長とゼロインフレから脱却できていません。その原因や脱却法に関して考えをお聞かせください。加えて、日本や日本人が日本経済を過小評価しているとしたら、そのメンタリティは経済へどのような影響を与えていると思われますか。

ファーガソン　アダム・スミスは『国富論』で「定常状態（stationary state）」について言及しています。18世紀の中国の経済について、「かつて中国は間違いなく経済成長を続けていたが、今は止まっているようだ」と指摘し、それを「定常状態」と呼んだのです。

定常状態は、政策と社会、政治、経済的な要素の組み合わせに起因していると、スミスは主張しました。しかし、当時の中国の保守的なエリート官僚たちは基本的にその定常状態に満足し、大衆の貧困には無関心でした。

スミスの母国スコットランドは中国の対極にありました。18世紀末期、世界で最も成長の速度が高い経済だったかもしれません。革新的で産業革命のパイオニアのような存在であり、金融改革や世界貿易においても最先端の国でした。

翻って１９９０年代以降に目を向けると、第二次世界大戦後の世界で最も大きな成長を遂げた日本経済が「定常状態」に入ったかのように見えます。

成長は止まり、デフレ危機に直面し、政策立案者はそれまでの伝統的な経済政策が機能しないことに絶望し始めました。加えて、平均寿命の延伸と出生率の減少が世界で最も進んだ高齢化社会を生み出しました。

その結果、国民には経済成長やそれに伴うインフレを期待しない心理が広がりました。社会の平均年齢が上昇したため、変化を求めない人が多くなったからかもしれません。国全体に壮年期のような心理が広がったのです。これからサッカーの日本代表選手になることもなければ、ウィンブルドンで優勝することもない。絶頂期は過去のものだ。このような心理の蔓延が日本を理解し、この国の定常状態を説明する一つの考え方なのかもしれません。

定常状態が国民の心理状態の表れだとすれば、それを成長に転換するのは困難です。人々の心理状態を変えるのは難しいからです。経済学者は信頼できる目標値を公表しさえすれば、国民心理は変えられると考えますが、それは間違いです。心理は根深いもので、テクノクラートがスイッチを押しただけで変えられるものではありません。

これは日本だけの問題ではありません。多くの国々の人口動態は、高齢化と人口縮小へと向かっています。例えば、ドイツもそうです。が、日本の失敗に学んでいる国は多くありません。

中国は無関係を装っていますが、そんなことはありません。かつての一人っ子政策の影響で、中国は急速に高齢化社会に向かっています。日本と比べ一人当たりの所得水準が低い中国が定常状態に陥れば、その影響は日本の比ではありません。

国民の心理状態が劇的に変化するプロセスは歴史にかかわる問題で、容易な解決法は見当たりません。その答えの一つは、トルストイの『戦争と平和』にあるのかもしれません。つまり、唯一、国家の心理を変えることができるのは、戦争のような非常に大きな危機だ、ということです。あるいは自然災害であるかもしれません。望ましい解決法ではありませんが、何らかの災厄なしには定常状態に入った共同体の心理を変えるのは難しいということが、歴史の教訓です。

チャイメリカの死

——先ほど貿易戦争という言葉が出ましたが、新たな「冷戦」について伺います。米中関係、あるいは世界秩序について、近年の最も重要な変化はどのようなことだと思われますか。

ファーガソン　13年ほど前に、「チャイメリカ」という摩訶不思議な国について書いたことがあります。中国とアメリカの蜜月を描いた論考です。世界で最も重要な経済関係は米中関係で、非常に緊密であるためほぼ一つの経済体のようだと書きました。

「チャイメリカ」では、中国が貯蓄をし、アメリカが消費します。中国は輸出、アメリカは輸入です。そして、中国はアメリカに融資します。つまり、アメリカは経常収支の赤字を埋めるために中国から借金し、そのおカネで中国から膨大な消費財を輸入するという構造になっていたのです。

「チャイメリカ」は2007年時点の、世界経済の仕組みを説明したものでした。

そして私は、そのような構造は持続不可能で、いずれ経済危機を引き起こしてしまうと主張しました。「チャイメリカ」はギリシャ神話の怪獣キメラのようなもので、実際には存在しない幻想だからです。そして、現実に、経済危機は翌年、2008年に起こりました。

「チャイメリカ」はその頃から死に向かい始めたのだと思います。米中の関係は緊張し、相互批判が始まりました。その時になって初めて、アメリカは「チャイメリカ」はアメリカではなく中国を利していたことに気付いたのです。金融危機が起こった時、中国の成長率は10％で、アメリカの失業率は10％でした。

アメリカは急成長する中国に追いつかれそうになっていることを理解しました。1980年代の中国の経済規模はアメリカの約10分の1に過ぎませんでした。それが、2014年には、米ドルベースのGDPでは半分ほどの規模ですが、購買力平価の基準では中国のGDPはアメリカを抜き世界1位となったのです。

その事実はアメリカに警鐘を鳴らしました。2015年に大統領選挙への出馬を宣言したドナルド・トランプは、中国の知的財産侵害を強く非難し、中国からの輸入品に関税を課すと公約しました。

私は、米中の貿易戦争の原因がトランプにあるとは思っていません。この貿易戦争は中国の不正行為に対するアメリカの報復であるという側面が大きいからです。中国は計り知れないほど世界中の企業や機関、個人の知的財産を侵害しています。それでも、トランプは抑制的でした。２０１７年の大統領就任後1年間は、貿易戦争を開始しませんでした。驚くべきことです。

人々の予測より、米中の貿易戦争は長引いており、着地点を見いだせずにいます。私はこの戦争に当面、終わりはないと予想しています。両者の対立は貿易の枠を越えてしまっているからです。今や対立の焦点は技術をめぐる攻防に移りつつあります。ファーウェイ製のハードウェアを使って世界の5Gネットワークを中国が支配することを、アメリカはなんとしても阻止しようとしています。

戦線は貿易から、投資や地政学、イデオロギーの領域へと広がっています。アメリカは技術などの戦略的な経済領域で中国からの投資を制限し、中国の南シナ海の制海権に異議を申し立て、香港政策を非難し、新疆ウイグル自治区での人権弾圧を批判しています。

貿易戦争の火蓋が切られて2年も経ないうちに、米中関係はこれほどまでに緊張を高めました。貿易戦争から技術戦争、そして冷戦へと戦線は拡大しました。「チャイメリカ」は死に至り、第二の冷戦が始まったのです。

勝者がどちらになるのか予測はつきません。アメリカが勝つとは限らないのです。中国経済はかつてのソ連を遥かに凌駕し、アメリカと比較した技術力も、当時のソ連より優れています。

中国の成功は終わりに近づいている

――中国は世界経済を席巻する勢いです。成功は続きますか。

ファーガソン　21世紀初頭の経済学者の主要な関心の一つは「中国は成功できるか」ということでした。激しい競争と資本主義制度に基づいた比較的自由な市場と、政治的競争も説明責任も代議政治も真の法の支配もない一党独裁国家の組み合わせが成功できるのか――。

中国が成功すれば、私が信じている多くのことが間違っていたことになります。私は、啓蒙主義者の識見や、ハイエクやフリードマンなどの広義の自由主義思想の継承者です。そして、世の中のオペレーティングシステムに必要なのは自由市場だけでなく、国家に管理されない市民社会と人と人が繋がる生きた社会ネットワークだ――と考えています。

資本主義は民主主義と一体であり、市場経済があるのと同時に、選挙で選ばれる代議政治と法の支配があります。それらのどれかを切り離せるとは思えません。市場経済のみが存在して、民主主義が存在しなければ、最終的にはその経済は蝕まれるはずです。無責任な官僚制度による利益追求が始まり、腐敗が広がります。

もし、中国が成功し、私が間違っていることが証明されれば、それは、アダム・スミスから、ハイエク、フリードマンに至るまでの多くの偉大な経済学者もまた間違っていたということになります。

けれども、私は中国の経済的な成功は終わりに近づいていると見ています。人口統計学的要素や財政・金融上の逆風により、今後、中国経済は鈍化していくはずです。今後10年で成長率は半分ほどになると推測しています。

中国はこの40年の間に歴史上最大のブルジョワジー（中産階級）を創り出しまし

た。一方で、マルクス・レーニン主義者は健在です。大きな矛盾です。マルクスによれば、ブルジョワジーは敵で、革命で打倒すべき対象だからです。

ブルジョワジーは民主主義に興味はありません。彼らの関心は財産権です。それを守るには法の支配が必要です。が、中国では財産権は保障されていません。市民は法で守られておらず、国家の気まぐれで人々の資産は簡単に取り上げられてしまいます。共産党に「お前は腐敗している。規則に違反した」と判断されたらゲーム・オーバーです。

中国の中産階級は不安を感じ始めています。だからこそ、中国には資本規制があるのです。規制がなければ、中国の富の大部分は、法の支配と保護を求め国外へ流出してしまうからです。中国の富、つまり、中産階級の多くは国外への移住を望んでいます。移民を希望する中国人は多く、中国への移住を望む人は少ないという事実が、それを物語っています。私は昨年、アメリカの市民権を得ましたが、同じ口に、カリフォルニア州北部の町で新たにアメリカ市民となった人の出身国で、最も多かったのは間違いなく中国でした。これが、今中国で起こっていることの本質だと思います。

中国の国家と中産階級の緊張関係は、経済の最もダイナミックな場所で顕在化しています。ハイテク産業の集積地深圳のＩＴ企業の人々は頻繁にシリコンバレーとを行き来しています。アメリカのパスポートを持つ人も少なくありません。その彼らに、北京の共産党政府は懐疑的な目を向けています。

　中国の友人は「今この国には三種類の中国がある」と私に言いました。「新・新中国」「新・旧中国」「旧・旧中国」の三つです。「新・新中国」とはテクノロジーの世界です。つまりテンセントやアリババです。「新・旧中国」は政党の世界です。そこには、共産党員が子供に経営を継がせる高収益の国有企業があります。そして、最後の「旧・旧中国」は北部の寂れた工業地帯にある採算性が低いままの国有企業です。

　これら三つの中国の間には対話も調和もありません。特にテクノロジーの「新・新中国」と共産党の「新・旧中国」の、「テクノロジー中国」と「政党中国」の間には、指摘したような緊張関係があります。それは、外にいる私たちにはあまり見えません。アリババの創始者馬雲（ジャック・マー）をはじめとするＩＴ企業のリーダーたちが、習近平の顔色を窺っているからです。

　中国政府が、その正当性の根拠としていた経済成長は、もはや維持できなくなりつつあります。共産党は別の根拠を探さなければなりません。その一つが毛沢東思想です。近年の習近平や共産党幹部の言説に、その復活が垣間見られます。

私は、今後20年の間に、中国は何らかの形で政治的な危機を経験すると予想しています。私たちが間違っているのか、それとも、中国が失敗するのか——その時、真実の瞬間が訪れます。賭けてもいいです。真実の瞬間に、アダム・スミスとフリードリッヒ・ハイエク、ミルトン・フリードマンが正しかったと証明されます。自由な社会がなければ自由経済は長く維持できません。

共感の時代か衝突の時代か

——『憎悪の世紀』で20世紀という時代について書かれましたね。では、今世紀はどのような時代になると予想しておられますか。

ファーガソン　20世紀について考えを巡らせ、戦争の時代だったという結論にたどり着きました。二つの世界大戦だけではありません。1904年の日露戦争に始まり、1953年に朝鮮戦争が休戦するまで、戦争は続きました。その後も、ベトナム戦争や湾岸戦争なども起こりましたが、それまでの戦争と比べると規模は小さいものでした。１９９０年代には、ある意味で、世界は既に戦争を使い果たしていたのです。

20世紀の際立った特徴は「憎悪」であったと考えます。歴史学者には憎悪とその根源についての考察が足りないのだと思います。20世紀を詳細に振り返って私が理解した「憎悪」とは、敵視したり敵対したりする相手に対し、自分とは別の種だから殺してもよいと確信を持つことです。つまり、無慈悲に人間を殺すことを厭わないことです。ナチス・ドイツのホロコーストはその典型です。

もちろん、連合国にも憎悪は染みついていました。第二次世界大戦後期には、アメリカやイギリスの軍人もドイツや日本に対し憎悪の言葉を使っていました。そしてソ連軍はドイツを憎悪し、１００万人以上のドイツ人女性をレイプしたと推定されています。

憎悪は異常で毒のある人間の情熱です。私たちはその異常な情熱を恐れ、憎悪が再び世界や時代を支配することのないようにしなければなりません。21世紀はそのような時代にならないでほしいと願います。

アダム・スミスは「共感は市民社会の基礎だ」と言いました。人間は実際に自分が体験できないことであっても他者の情操に共感できるというのが道徳的情操理論の主張です。20世紀と比べ、世界はより共感するようになったと思います。インターネットやテレビ、映画などの大衆文化のおかげで、例えば西洋人はアジア系のことを、白人は黒人のことを、以前よりずっと理解するようになりました。100年前の人々と比べて、人々は互いにより共感できるようになったと思います。

その理解が正しければ、21世紀が憎悪の世紀になることはないでしょう。憎悪ではなく、共感の時代になる可能性はあると思います。そのような理想的な未来には、気候変動の危機に直面しても、人々に共通する人間性が、相互の違いを傍らに置いておいて、未来の子供と未来の孫たちのために、地球を救う努力を共にすることになるでしょう。

その可能性はあります。けれど、『スクエア・アンド・タワー』の論点でもあるのですが、ソーシャル・ネットワークの世界は、共感のみで繋がっているわけではありません。私たちが創り出した巨大なネットワークには多種多様な病理が潜んでいます。ネットワークを巧みに利用して、憎悪や分断を増幅させることもできるのです。

真実もフェイクも一瞬のうちに伝播するのが、今日のネットワーク社会です。その社会の未来には、共感の時代とは別のシナリオも考えられます。無秩序の時代、カオスの時代、対立の時代、衝突の時代になるというシナリオです。共感の時代になる可能性がある一方で、カオスや無秩序の時代となるリスクもあるということです。

ガルブレイスとフリードマン二人の間違い

――あなたは社会あるいは経済社会は経済学者が望むようにシンプルではなく複雑で不確実であると、繰り返し指摘しておられます。そこでお伺いしますが、ケネス・ガルブレイス［カナダ出身の経済学者。１９０８年生まれ。『アメリカの資本主義』『ゆたかな社会』『新しい産業国家』等生涯に50冊を超える書を著し、その数冊はベストセラーとなった］、殊に、『不確実性の時代』で彼が主張した理論についてどう評価されていますか。『不確実性の時代』は日本でも50万部を超えるベストセラーとなりましたが、彼は複雑な、あるいは不確実な世界について傾聴すべきビジョンを持っていたと思います。今日の状況を踏まえて見解をお聞かせ下さい。

ファーガソン　ガルブレイスは、アカデミアが上流階級の人々で占められていた時代の人で、また、20世紀半ばの荒波を経験した人です。１９３０年代の大恐慌を経験した彼は、ケインズの本を読み、資本主義が機能しなかった場合には政府が介入すべきだという信念を持ちました。彼は、政府は総需要を管理して失業者を生まないようにすべきで、また、社会保障制度を整え過酷な貧困をなくすべきだと考えていました。

私は、ガルブレイスと彼の世代を羨ましく思います。彼らは１９６０年代に生きて、自分たちは問題を解決したと確信していました。そして、やり残したことは、その解決を世界の貧しい国々に広めることだけだと思っていたのです。実際、彼はケネディ政権のインド大使となって、インド経済を振興しようとしました。あの世代の自信は、今日の私たちにはありません。

しかし、その理論は貧しい国では通用しませんでした。ベトナムという東南アジアの小国で、その理論は崩れ始めました。共産主義が多くの国民に支持されていた貧しい国で、国家による統制と市場の自由な経済の完璧なバランスを創り出すのは非常に難しかったのです。

さらに悪いことに、ベトナム戦争を戦いながら、アメリカは同時に社会保障制度を拡大し、リンドン・ジョンソン民主党政権はとんでもないインフレを生み出してしまいました。結果、70年代はアメリカにとって悲惨な10年となりました。ベトナムでも国内でも失敗したのです。2桁のインフレ率、スタグフレーション、低成長、失業……散々です。おまけに、統治システムまでが危機に晒されました。ジョンソンに代わって政権の座に就いた共和党のリチャード・ニクソン大統領は、民主党本部盗聴未遂事件に端を発したウォーターゲート事件で不正を暴露され、辞任に追いやられました。

つまり、ガルブレイスの時代は、問題を解決したと確信した楽観的な時期から、ガルブレイスの言うところの「豊かな個人と貧しい国家」が結末だと考えざるを得ない大変な不景気へと移り変わった時代でした。ガルブレイスと彼の時代の人々にとって、アメリカの失敗を見るのは辛かったはずです。

そして、80年代には新自由主義が台頭します。ケインズ派は敗北したのです。ケインズ派を痛烈に批判したミルトン・フリードマンは、社会保障制度の縮小と予算の均衡、金融政策の規制などを主張し、それを共和党のロナルド・レーガン大統領と英国保守党のマーガレット・サッチャー首相が実践しました。

ガルブレイスは、共産主義社会と資本主義社会は融合すると考えていました。両者は次第に接近し、政府は技術家主義［経済は専門技術家が支配管理し、科学的合理的に運営すべきとする思想］による官僚主義的システム、いわゆるテクノクラート主導の構造となり、基本的に国家が経済を支配する社会が来ると予測していました。しかし、間違いでした。実際は、アメリカを代表する資本主義は自由市場資本主義へと進み、共産主義社会は崩壊への道を辿りました。

一方、フリードマンを中心とするシカゴ学派は自信過剰になりました。60年代のガルブレイスと同じように、ベルリンの壁が崩壊した１９８９年には、すべての問題を解決したと確信していました。小さな政府にして、他のことはすべて市場に委ねさえすればいいと考えていました。１９８９年以降、私たちは旧共産圏の人々に「株式市場を作り、選挙をしろ」と助言しました。それですべてはうまくいくと。しかし、期待していたほどうまくはいきませんでした。

私たちは、１９８９年以降に起こった東欧とソ連のドミノ倒しに、中国は呑み込まれなかったという事実を見落としていたのです。中国は民主化運動を弾圧し、一党支配を貫き、共産党独裁の政治体制を維持したまま、市場経済の導入を実験しました。「自由経済と同時に自由社会がなければならない」というハイエクの核となる原理に反する実験でした。そして、今のところ成功しているように見えます。

ですから、私たちも相応の間違いを犯し、二度、手痛い報いを受けました。まず、中国に追いつかれたのが一つ目の報いです。そして、二つ目の報いは金融危機でした。二度目の世界恐慌になる寸前でした。

ガルブレイスの人生は「自業自得」という言葉に要約できるのかもしれません。同じように、ケインズ派を批判する私たちにも傲慢な時期がありました。そして、間違いを犯し、私たちなりに謙虚になりました。

Can’t Buy Me Love

——最後に、資本主義とその未来について、お話しください。

ファーガソン　ジョン・レノンとポール・マッカートニーは、人々が一般に認識しているより、ずっと深く物事を考えていたと思います。ビートルズの「Can’t Buy Me Love」をご存知の方は多いでしょう。資本主義は、人々の物質的な欲望のかなりの部分を満たしてくれますが、愛は買えません。「愛されたい、愛したい」という人間としての究極の欲望を満たすことはできないのです。愛を買おうとした人には、失望が待ち受けています。

ワーグナーの歌劇『ニーベルングの指環』で、アルベリヒは愛を断念するのと引き換えに、限りない力を得ることのできる黄金の指環を手に入れます。が、待っていたのは悲しい運命でした。私たちは、資本主義だけでは人々を幸福にすることはできないことを認識しなければなりません。

私たち人間には、確かに「ホモ・エコノミクス」の側面があります。利益を最大化させようと、経済活動を重視する人間、いわゆる経済人です。しかし、それは一面に過ぎません。資本主義社会には、労働を売る人がいて、得たおカネで必要なモノや欲しいモノを買う人がいます。それが市場における日常です。

少数ですが資本家もいます。経済ゲームに勝つ方法は資産を所有して利益（リターン）を得ることだと理解した人々です。一日中ベッドで寝ていても、労働を売る人よりも多くのおカネを稼げるのです。これが資本主義の世界です。

　市場経済を否定する社会主義者や共産主義者は大変な代償を払うことになります。資本主義の世界を壊せば、その先には飢餓や欠乏の恐ろしい貧困が待っているからです。他方、私たちが自らを欺いて、必要なのは市場経済だけで、それ以外は不必要な事柄だと思い込むとすれば、別の運命が待ち受けています。アルベリヒの運命です。

　すべては取引であり、経済活動だと考える知人がいました。彼は家族でさえ資産形成のポートフォリオの一部だと考えていました。離婚しましたが、それも彼にとっては経済活動でした。子供との関係も、自分が所有する企業との関係のようでした。これがアルベリヒの運命です。カネだけがすべてだと考え、彼は築き上げた家族を壊してしまったのです。

単純化できるモデルはない

ファーガソン　私たちは市場経済の中でだけ生きているのではありません。社会的ネットワークの中でも生きているし、権力を欲する社会的ヒエラルキーの中にも存在しています。

伴侶や両親、子供への愛、あるいは友情は、市場で買えるいかなるものよりもずっと重要です。そのような関係は、社会的ネットワークの中にあるのです。私は、友情は重要な欲望の形だと思います。私たちは愛だけでなく友情も欲します。

権力の世界はカネや愛・友情の世界とは異なる世界です。政府など公的機関の要職についた経験のある人は皆、給料は安く、就業時間が長過ぎる上、罰則が多くプライバシーはなくなると、口を揃えます。しかし、それこそが、人が権力に魅せられることの証拠です。権力を手にするためなら、他のすべてのことを我慢できるのです。

ですから、世界によって収支決算の計算方法は異なるのです。単純化できるモデルはありません。市場の世界と社会的ネットワークの世界、権力の世界では、人々が重視する価値が異なるからです。そして、私たちは、その異なる世界を行き来する存在です。権力を重視する人もいれば、カネがすべてだと思う人も、何よりも愛が大切だと思う人もいます。ですが、誰一人として、一つの世界で生きているのではありません。私たちは皆、これらの世界の境界を行き来しなければならないのです。

私たちは、権力を望まない人であっても、誰であれ組織に属せば、ヒエラルキーの世界で時間を過ごさなければなりません。『スクエア・アンド・タワー』のタワーです。タワーを出て、スクエアへ向かうと伴侶や恋人、子供たちや友人が待っています。ランチやパーティで楽しい時間を過ごすことができます。社会的ネットワークの世界です。それにより、孤立したくないという人間の基本的な欲求が満たされます。ですが、パーティはただではありません。無料のランチもありません。支払いがあります。そのため、私たちは市場に出て労働力を売るか、投資を行うのです。それが人間の生活です。私たちは三つの領域をまたいで生きているのです。

　私が知る限り、それら三つの領域を同時に完璧に説明できる理論的枠組みは、これまでありませんでした。経済学者の努力の多くは、市場でのほぼ匿名の個人の役割を強調することに向けられてきました。それは驚くべき事実です。そこでの個々の関係は基本的に取引に関するものです。しかし、匿名の個人が取引する市場など現実には存在しません。個々の人々はヒエラルキーが存在する組織に属し、同時に社会的ネットワークの中にいます。何を大切に思い、何に価値を認めているかは人によって異なります。つまり、皆が同じように合理的行動を選択すると仮定した「匿名」の個人など存在しないのです。

学問の分野としての経済学の欠陥の一つは、ネットワーク・サイエンスをきちんと取り込んでいないことです。経済理論が未来を的確に予測できないのは、そのためです。経済学者が単純なモデルを想定しているからです。

未来を予測するためには、ネットワーク・サイエンスを取り入れ、人々が他者との関係を大切にする社会的ネットワークの中でどのように振る舞うのか、相手との心理的距離によって取引の基準が変わってくることなどを考慮し、それを定量化して計算しなければなりません。

私たちは非常に興味深い時代にいると思います。ネットワーク・サイエンスが広がり、ラズロ・バラバシのような物理学者がこの問題について考える手伝いをし始めてくれています。ニコラス・クリスタキスもいます。彼は医学を勉強したのち優れた社会学者になった人物です。そうした、これまでの経済学の外にいた研究者が、純粋な市場以外の枠組みの中で、人と人との関係を再考させてくれているのです。

（以上、２０１９年12月５日インタビュー）

【コロナ後　2020年4月4日インタビュー】

——現在、どちらにお住まいで、周囲の状況はいかがでしょうか？

ファーガソン　モンタナにいます。サンフランシスコ周辺の状況は悪化すると予想されたので、できる限り人里から離れたところにと考え、3週間前に家族とやって来ました。雪に覆われた山の中で、人影もまばらです。周囲の状況は分かりません。ここに来て以来、街には近づいていませんから。

最悪の対応をしたアメリカ政府

——アメリカの状況はどうでしょうか。アメリカ政府の対応をどのように評価していますか。

ファーガソン　政府の対応は最悪だったと思います。当初は甘く見て何もしませんでした。その後、今度は行き過ぎた対策に切り替わり、経済をシャットダウンしてしまいました。

一方、人々は概ね冷静に対処したと思います。アメリカの沿岸の州、特に北東部や西海岸の人々はすぐに行動を変えました。州が命令を出す前から、ソーシャルディスタンシングは始まっていました。今、状況が最悪なのはニューヨーク、ニュージャージー、ミシガンといった一部の州だけです。西海岸の人々はすぐに状況に適応したので、病院に患者が押し寄せるといった医療崩壊は起こっていません。

しかし、人々の行動に変化が見られるまで時間がかかった所もありました。交通量や歩行者の数のモニターによりそれが分かります。南部では変化はすぐには起こりませんでした。モンタナのように人口が比較的少ない西部でも変化には長い時間がかかります。それでも、人口が少なく大都市がないためリスクは小さいと思います。私が見聞きする限り、人々の行動には変化がありました。食料品を買いに行く時も、マスクや手袋を着けています。人里から最も離れたような場所でさえ、人々の行動に大きな変化が見られます。

グローバリゼーション時代のパンデミック

――前回のインタビューでは、世界の不安定や混沌、不確実性について話されていたのが印象的でした。まるで今日の状況を予言されていたかのようです。今回のような危機がいずれは訪れると予測されていたのですか。

ファーガソン　私は歴史学者なのでパンデミックについて考察することがよくありますが、パンデミックは歴史の中でもショッキングな出来事として捉えられています。世界大戦同様、パンデミックも歴史の流れを大きく変えてきました。インフルエンザのような感染力を持ち、インフルエンザ以上に致命的なウイルスは、いずれは出現するだろうと思っていたので、私自身はそれほど驚きませんでした。

パンデミックが起こる可能性は、核戦争が起こる可能性と少し似ています。つまり、それは不可知ではあるもののゼロではない。地震や戦争と同じように、起こるか起こらないか、いつ起こるかは分からないけれど、起こる可能性はゼロではないのだから、私たちはきちんと心の準備をしておくべきなのです。しかし、多くの人は、そのようなことは起こらないと考え、目を背けます。

けれども、グローバリゼーションが非常に進んだ今日の複雑な経済システム下では、常態からちょっと逸脱しただけで一気に混沌に転じてしまうことが起こり得るのです。それが、今、起こっていることです。

新型コロナウイルスはＳＡＲＳウイルスが変異したものと見られていますが、こういったウイルスの変異は自然界では比較的頻繁に起きることです。一方で、歴史的に見ても、人間は感染力が強く致死率の高いウイルスには非常に脆弱であることが分かっています。その深刻さの度合いは、20世紀初期のパンデミックとは比較になりません。現在では、人々が簡単に世界中を移動できる交通システムがあり、実際に夥しい数の人々が日々世界中を移動しているからです。１００年前より医療技術は格段に発展していますが、人々の往来も大幅に増え、20億人弱と推定されていた人口も77億人に達しているのです。

1月に武漢で起こっていることを知った私は、即座に深刻な事態になると思いました。いずれは起きると思っていたことだったからです。

巨大なネットワークは、デジタル信号であれモノであれ生物であれ、善し悪しを区別せず、どのようなものでも迅速に伝達します。ネットワークは良いものも悪いものも伝えるのです。私たちには、ネットワークは良いものしか伝達しないと信じる傾向にありますが、それは間違いです。今回、私たちはそれを思い知らされました。残念なことに、ウイルスはその巨大ネットワークにより非常に素早く伝播してしまいました。ですから私は驚いてもいませんし、自分が予言者だとも思っていません。

アメリカ政府に対しても、2月26日にワシントンまで出向いて、事態の深刻さに注意を向けるようペンス副大統領の説得に努めました。今回の事態は、大統領が受け止めているよりもずっと深刻だと伝えるためです。ですが、実のところ、その頃にはもう手遅れでした。断固たる行動は1月中に取るべきだったのです。アメリカ政府が政策転換を行った頃には状況はもうコントロールできないほど酷くなっていました。

経済のシャットダウンは無意味

——世界的なパンデミックで懸念されるのは、世界経済の同時かつ大幅な減速です。今後どうなると予測していますか。短期的予測と長期的予測を教えてください。

ファーガソン　アメリカの大部分で経済が完全にシャットダウンされていますが、このような政策に持続可能性はありません。公衆衛生の観点からも必要とは思えません。

今の段階では新型コロナウイルス感染症がどのような特徴を持つ感染症なのか明確ではありませんが、今後2、3週間のうちにはより理解が進めば、評価も違ってくると思われます。

今の時点で考えられているように、若い世代は感染しても軽症あるいは無症状で済むことや、高齢者や持病を抱える人が重症化したり、その死亡率が高くなったりすることが明確になれば、対策も変わります。

19世紀、20世紀に発生したインフルエンザのパンデミックでは、若年層と高齢者の区別なく多くの命が奪われました。しかし、新型コロナウイルスで犠牲になる大多数は高齢者である可能性が高いようです。そうだとすると、経済を完全にシャットダウンしてしまうことに意味はありません。高齢者はもともと活発に経済活動をしている層とは隔離されているような状況にあります。大半は既に退職し、働いていないからです。

ですから、4月のうちに、世界中の政府が政策を見直すようになると思います。ソーシャルディスタンシング、マスク着用、検査などを通して、感染すると重症化する確率の高い人々への安全処置を施した上で、若い人たちは職場に戻すべきです。それが遅れると、経済的損害は甚大なものとなり、克服するのが難しくなります。膨大な数の小企業が消えてなくなってしまいます。思い切った金融対策や巨額の財政投資を実行しても、経済を元に戻すことはできなくなります。

政策を見直す時です。さもなければ、公衆衛生上のリスクでは正当化できないほどに大きな経済的ショックを与えてしまう危険があります。

――リーマンショック以上の危機だと言われていますが、どのような金融・財政政策や対策が実施されるべきだと思いますか？

ファーガソン　リーマンショック以上の衝撃であることは確かです。アメリカで、これほど夥しい数の人が失業保険を申請したことはありませんでした。アメリカ史上、最大のショックの一つであることは確かです。イギリスのデータも調べてみましたが、今回のショックに匹敵するような危機はほとんどありませんでした。

「自らシャットダウンした経済を刺激することはできない」

ファーガソン　しかし、２００８年の危機と今回のコロナ危機を混同してはなりません。性格がまったく違う危機です。２００８年の危機は金融危機でした。世界中の銀行が大幅な資本不足に陥り、バランスシート上に不良資産を抱えていました。世界のバンキングシステムが安定を回復するまで何年もかかりました。欧州の銀行危機は２０１２年あるいは２０１３年まで続きました。

今回は金融危機ではありません。財政出動を要する公衆衛生の危機です。そのため、２００８年や２００９年当時に効果のあった大規模な金融・財政刺激策に期待するのは誤りです。今回の危機に刺激策は適切ではありません。リーマンショックの記憶があまりに生々しいため、投資家や銀行家や金融の専門家たちは、当時の戦略本を持ち出して、量的緩和やゼロ金利、財政刺激策を口にしていますが、大多数の人々が状況を見誤っていると思います。この危機の本質を十分に理解していないからです。

自らシャットダウンした経済を刺激することはできないのです。今、各国政府が行っているのは、仕事を失った人々や休業を余儀なくされた企業に救済策を提供することだけです。しかし、財政金融救済策によって状況が好転することはありません。今の危機は公衆衛生の危機です。求められているのは、適切な検査方法や有効なワクチンです。

——最近発表された論文で「ドラゴンキング」という言葉を使っておられます。どのような意味ですか。

ファーガソン　「ブラックスワン」「マーケットにおいて、事前に予測できず、かつ、衝撃の大きい事象のこと。17世紀末にオーストラリアで黒い〝白鳥〟が発見された衝撃に因む」を耳にしたことのある人は多いと思います。「ドラゴンキング」は、それよりさらに衝撃的な予想外の未知の危機のことです。

第一次世界大戦前夜との類似

ファーガソン　論文では、新型コロナウイルス感染症のパンデミックと第一次世界大戦の比較を試みました。そこには、大きな類似点があったからです。時系列で見ると驚きがあります。

　今年の1月を思い起こしてみてください。中国の武漢で起こっていることの意味を深刻に受け止める人はほとんどいませんでした。私はダボスの世界経済フォーラムで、「武漢や中国を起源とするパンデミックが起こる危険性がある。今は気候変動よりもそちらのほうが深刻な問題だ」と発言しましたが、大半の参加者は私を、おかしな奴だと思ったようでした。ところが、１カ月も経たないうちに、新型コロナウイルス感染症は、世界中の行政関係者に危機と認識されるようになりました。その１カ月後には、アメリカの普通の人々でさえも、恐ろしいことが起こりつつあることに気付き始めました。

第一次世界大戦の勃発前夜にも、似たような状況がありました。１９１４年６月には、世界大戦が勃発するなどと予想する人は誰もいませんでした。オーストリア大公フランツ・フェルディナントがサラエボで暗殺された後でさえ、それが世界大戦勃発の引き金になると考えた人はほとんどいませんでした。１９１４年７月の最後の週になって初めて、人々は戦争が起こると気付いたのです。その時点で世界中の金融市場が崩壊しました。ほとんどの主要経済国の株式市場が閉鎖され、再開されたのは１９１４年末でした。

「ドラゴンキング」の論文で、私は第一次世界大戦前夜と今回のパンデミックの初期段階の状況に大きな類似点があることを指摘しました。最初は誰も危機に気付かず、次に一部の人々が気付き、その後、パニックが起こるという流れが数週間のうちに起こったのです。

金融関連でも類似点は指摘できます。少なくともいくつかの点でよく似たことが起きていました。例えば、ドルの価値が急騰したことです。１９１４年の終わりには、イギリスポンドで同じことが起きていました。金融システムがシャットダウンする中、人々はポンドを躍起になって求めました。同じように、今回の危機が始まってから、人々はドルに群がっています。

もちろん、異なるところもあります。戦争は多くの若者を兵士として動員しますが、パンデミックが若者を動員することはありません。また、戦争は兵器や兵糧に巨額の資金を費やすため経済は活況を呈します。が、パンデミックは経済を縮小させます。

パンデミックで拡大する格差と不平等

——貧困層と富裕層との間の格差についても伺います。第一次世界大戦を振り返る

と、パニックの後、格差が縮小したという見方があります。今回はどうでしょうか。新型コロナは世界の格差や不平等にどのような影響を与えるでしょうか。

ファーガソン　戦争は巨大なローラーのようなものです。多くの人に同じような代償が支払われます。20世紀の両世界大戦中には、多くの国で価格と賃金が統制され、収入の格差が大幅に縮まりました。また、高額所得者たちには多額の税金が課されました。そのため、二度の大戦では格差は縮まりました。が、パンデミックは違います。歴史を振り返ると、大きな影響を受けたのは貧困層で、貧しい人々の多くが病に倒れ命を失いました。

新型コロナウイルスがアフリカ諸国に与える影響はまだ分かりません。南アジアのインドやパキスタンへの影響も不明です。が、南米では既に大きな被害が出ています。過去の経験から予測すると、貧しい国々の死亡率がより高くなると考えるのが妥当です。貧困国には、富裕国のような公衆衛生のインフラがなく、現在、先進各国が実施しているようなソーシャルディスタンシングのような対策を実施する能力もありません。

パンデミックは通常、貧しい人ほど罹患率や死亡率が高くなります。私は比較的豊かなので、別荘に逃れＩＴ機器を使って仕事を続けることができます。が、清掃作業員や工場労働者、バスの運転手やレストランのウエイターなどにはそれができません。実際に不可能です。つまり、パンデミックの影響には逆進性があるのです。

資産や収入の多寡とは無関係にウイルスは襲ってきます。マンハッタンのアッパーイーストサイドに住んでいても、クィーンズに住んでいても同じです。ウイルスは差別しません。しかし、防衛策や感染後の処置は資産や収入に左右されます。そのため、パンデミックは格差や不平等を拡大させるはずです。

――コロナ危機は経済や政治の状況にどのような影響を及ぼすと思われますか。ＧＡＦＡのようなグローバルな大企業は、さらに独占を拡大するでしょうか。コロナ危機以前にも、ＧＡＦＡの独占状態は既に始まっていました。今回の危機によって、独占はさらに加速するのでしょうか。政治状況への影響はどうでしょう。危機により、政府の役割の重要性が評価されているという指摘もあります。

ファーガソン　それは難しい質問です。まず、グローバルな大企業ですが、アマゾン（Amazon）やグーグル（Google）などは、今回の危機によってさらに強くなるでしょう。実際、テレワークなどで他者との身体的接触なしに業務を続けることのできるテクノロジー企業は、今回の危機によってさらに成長すると思います。

その典型がズーム（Zoom）です。一方、ウーバー（Uber）やエアビーアンドビー（Airbnb）のように、テクノロジーを使って人間同士の接触を促進するような企業は、違った影響を受けるでしょう。一般的にパンデミックはバーチャル空間で完結する経済活動にはプラスとなり、フィジカルな接触を伴う経済活動は打撃を受けます。年齢には関係ありません。

市場の独占に関しては、独占とまでいかなくても、いくつかの市場で寡占は進むと思います。ほとんどの国には財政政策で大企業を優遇する傾向があります。中国は小規模企業よりも国有企業の利益を優先させていますし、アメリカは中小企業よりも大企業に多くの資金を振り分けているからです。アメリカでは既に、大手企業を優遇するという明確な差別があると思います。おそらく、ヨーロッパでも同じでしょう。

国民国家の優位性

ファーガソン　政治的には国民国家の優位性が再認識されるという状況が生まれると予想しています。

一般に、パンデミックは左派への傾倒を生み出すように思われます。アメリカでは皆保険制度を求める声を正当化し、皆保険制度に反対し小さな政府を志向する保守派の主張は劣勢となるからです。危機において、国家は欠くことのできない役者のようなものです。そのため、急進派や社会民主主義者はパンデミックを契機に左派が勢いづくはずだと、喜んでいます。

しかし、パンデミックは、左派が主張する開かれた国境やグローバリゼーションが内包する危険性を露呈し、市民の基本的安全という観点から、国民国家の優位性が再認識され始めていることにも気付くべきです。私は、パンデミックにより、人々が政治的に左傾化するという主張が正しいとは思いません。

今のところ、パンデミックはグローバリズムに対する批判が正しかったことを如実に表していると思います。国際機関の恥部も暴露してしまいました。世界保健機関（WHO）は中国に対して、疑わしいほどに気を使っています。結果、国際機関の影響力はコロナ危機をきっかけに弱体化したように見えます。また、EUのコロナ危機に対する対応はお粗末で、多くのイタリア人を失望させました。そのような事態が、このような危機において頼りになるのは国民国家だけだという印象を与えています。

ですから、一般に考えられているような左傾化は起こらないと予想しています。

――日本の現状や医療システム、日本政府の対応については、どのように評価されていますか。

ファーガソン　死者数を見ると、日本の増え方は他国と比較して緩やかだと思われます。死者数は感染状況を把握するのに最も重要な指標です。感染者数は検査の方法や検査対象者の数で大きく変化するからです。死者数を見る限り、今のところ、日本はイタリアのようにコントロール不能な状況には陥っていません。

日本政府の躊躇

ファーガソン　台湾や韓国と比べ、日本の対応はかなり控えめだったので、研究対象としてはとても興味深いケースだと思います。新型コロナウイルスが高齢者にとって最も危険だと言われている中で、世界で最も人口の高齢化が進んでいるにもかかわらず、日本はロックダウンや強制的なソーシャルディスタンシングといった方法を選択していません。そのため、日本政府はとんでもない過ちを犯しており、危機的状況に陥る可能性があると危惧し、世界中が日本の状況を見守っています。

直近のデータを見ていないので、現時点での予測は難しいのですが、以前から、私は日本の人口密度の高さは、他者との身体的接触が少ない日本の習慣によって相殺されるだろうと考えていました。日本には文化としてソーシャルディスタンシングの習慣がもともとあったからです。コロナ危機当初には、「挨拶には、これからは握手ではなく、日本人のようにお辞儀をしたほうがよさそうだ」と話していたほどです。実際、私自身、最近は握手をせずお辞儀をしています。

ですから、最初は、日本は欧米に比べ深刻な影響は受けないかもしれないと考えていました。が、今回のウイルスは非常に感染力が強いため、他者との身体的接触の機会が少ない日本の習慣でも、感染拡大防止には不充分だと思います。ウイルスを抑え込み、感染者や死者の急激な増加を防ぐには、もっと思い切った対策が必要だと思います。

日本政府は経済に打撃を与える対策の実施を明らかに躊躇しています。しかし、感染者の増加率が一定以上に達すれば、より思い切った措置を講じざるを得なくなります。

レストランやバーの閉鎖、集会の中止などを意味するソーシャルディスタンシングと、実際に経済をシャットダウンすることとは明確に区別すべきです。そうした上で、両者の間のほどよい中間点を見つけることが、今後一カ月ほどの間の重要な課題です。他の諸国と同じように、日本も新型コロナウイルス封じ込めのための対策と、経済崩壊を回避する対策の両立に腐心することになるだろうと思います。が、困難な課題です。台湾や韓国、シンガポールなど、早期に対策を講じた国・地域は別として、それができている国はあまりないように思います。

パンデミック対策に重要なことは、実はよく知られていました。アメリカの偉大な疫学者ラリー・ブリリアントがかつて指摘していたように、「いかに早く措置を講じるか、それがすべて」なのです。早い段階で有効な対策を講じなかったことは、イギリスやアメリカの対応の遅れと同様に、日本にとっても致命的な失敗だったということになりかねません。

グローバリゼーションの崩壊

――国際社会、米中、米欧など各国関係はどうでしょうか。グローバリゼーションの危機はどのような影響を与えるのでしょう。

ファーガソン　前回のインタビューでも指摘しましたが、２００８年の金融危機以降、世界ではグローバリゼーションに逆行するような動きが起きています。移民の大量発生、ポピュリズムの台頭といったさまざまな要因があります。

２０１９年後半には、米国と中国がデカップリング（分離）することはあり得ないと言う人たちがいましたが、私はその主張に対して、1914年の英独間でも起こったのだから、現代の米中間でもそれは起こり得ると反論してきました。私は今回のコロナ危機で米中のデカップリングは加速すると思います。特に医薬品の分野において、アメリカやヨーロッパは中国依存のサプライチェーン体制をしっかりと見直すはずです。日本も似たような判断を迫られると思います。

今回のパンデミックで中国は悲惨な状況に陥りました。習近平にとって今回のパンデミックは、ゴルバチョフにとってのチェルノブイリ原発事故と同じような位置づけにあると、強調しておきたいと思います。

今回の惨事は中国の国家体制の根本的な欠陥を露呈しました。中国が2月初めまで、武漢から世界各国の首都や国際空港へ向かう飛行便を許可していたことに憤りを覚えます。湖北省発着の国内便を停止したあとも、国際便はしばらく許可し続けていたのです。中国は今回の危機の原因と危機の重大性について、事態が手遅れになるまで明らかにしませんでした。

こうした体質を持つ中国に依存する今の国際体制は見直す必要があります。製造拠点として中国に過剰に依存した体制には根本的な欠陥があったのです。世界は根本的に不安定な体制に依存していたのです。経済の複雑性はグローバリゼーションがうまく機能している時には魅力的ですが、現在のようにグローバリゼーションが崩壊しつつある時には、ある程度自給自足できる経済が必須です。

ゼロ成長の選択肢はない

――今は、経済政策の転換点にあると思われますか。これまで、世界は経済成長ばかりを追い求めてきましたが、そのような資本主義も見直すべき時が来ているのでしょうか。私たちは経済に対する考え方を変えていくべきなのでしょうか。

ファーガソン　環境保護団体などは、ゼロ成長でも問題はなく、むしろ地球を救うことになると主張しますが、それは経済の歴史について無知のなせる業です。ゼロ成長は深刻な問題を孕みます。今後、世界の景気が後退していく中で最も大きな打撃を受けるのは、失業や収入の減少といった形で影響を受ける貧困層です。ゼロ成長に苦しむのは貧しい人々なのです。

歴史を見ても、不景気やアダム・スミスの言う、いわゆる「経済の定常状態」が好ましいことだったと示す事例は何もありません。ゼロ成長は、それぞれの歴史でどの国もが経験していることですから、それがどういうものなのかは誰もが知っています。ローマ帝国時代から18世紀半ば頃まで、一人当たりの所得はほとんど変わりませんでした。産業革命が起きたことによってようやく変わったのです。

産業革命がもたらしたのは経済成長です。そのお蔭で、人々の栄養や衛生、住環境、医療など、多くのことが改善されました。結果、平均寿命は20代から飛躍的に伸びたのです。

現在、人口増大が続いている地域にとって、ゼロ成長という選択肢はあり得ません。アフリカではゼロ成長の回避は差し迫った課題なのです。

【2020年5月25日インタビュー】

——髭が随分伸びましたね。

ファーガソン　ええ、どんどん伸びています。「コロナ髭」と言われて、多くの人が生やし始めました。

——前回のインタビューから約２カ月が経ちました。今、世界では何が起こっているのでしょうか。２カ月前に予想した通りのことが起こったのか、それとも違うことが起こっているのでしょうか。

ファーガソン　歴史家は、今回のパンデミックの展開に驚くことはないと思います。パンデミックは過去の歴史で見慣れたものだからです。世界のある地域から別の地域へと、非常に多様な影響を与えています。１９１８～19年や１９５７～58年にも同じことが起こっています。年内には第2波が起きる危険性は十分あります。それも、過去の歴史から考えれば驚くことではありません。

パンデミックを過小評価

ファーガソン　前回のインタビュー時点では、新型コロナウイルスがどれほど危険な感染症であるのかよく分かっていませんでしたが、2カ月経って、1918年のインフルエンザほど危険なウイルスではないことが明らかになりました。1918年のパンデミックでは、世界人口の2〜3%が死亡しています。新型コロナがそこまでの犠牲を生み出すとは思えません。

私が最も驚いたのは、各国政府の対応が非常にお粗末だったことです。アメリカもイギリスも、紙の上ではパンデミックに対し十分な準備をしていました。官僚的な方法論の仕組みも整っていましたし、バイオディフェンスに関する長くて複雑な文書もありました。しかし、パンデミックが発生した時には、非常に大きな失敗をしました。私は、なぜ多くの政府がこれほど大きな失敗を犯したのか、なぜ、初動がこれほどまでに遅れたのかを調査しなければならないと考えています。

3月中旬に至ってパニックに陥り、経済封鎖などの措置を講じましたが、それは経済に壊滅的な被害を及ぼしました。経済は予想以上の打撃を受けています。

もう一つの驚きは、米中の緊張です。もちろん、前回も指摘した通り、関係は悪化すると予測していましたが、北京とワシントンの摩擦がここまで酷くなったのは驚きでした。

今回のパンデミックを人々は未だに過小評価していると思います。歴史的には驚くべきことではありませんが、経済や国際関係に与える影響は甚大です。

——先に、経済について伺います。ウィズ・コロナの「新たな日常」で、ゲーム業界は成長しています。一方、同じIT関連でも、ウーバーやエアビーアンドビーなど、人々の接触を前提とする業種は、経済不況の影響を受け、大きなレイオフを実施しました。

このように具体的な経済活動の視点から見ると、現在の経済状況の特徴をどのようにお考えですか。冷え切った需要はどのように回復させていけばよいのでしょうか。

ファーガソン 物理的な世界の経済は、バーチャルな世界に比べ、衰退していると思います。コロナ危機の影響で、オンラインでの消費が大幅に増加しています。これが、今後の消費回復の一つの方法ではないかと思います。もともと、店舗販売の小売業の将来は悲観されていましたが、パンデミックにより、10年ほど前倒しになりました。また、デパートが賑わい、週末のショッピングモールが人々で溢れるような光景は、少なくとも来年までは想像できません。

そして、人々の大半は可能な限りオンラインで買い物をするでしょう。その習慣が根付けば、パンデミックが終息した後も、人々が昔の習慣に戻ることはないと思います。

縮小する現実世界

ファーガソン バーチャル世界の登場で物理的な現実世界が縮小することは、何年も前のインターネットの黎明期に人々が予見していたことです。１９９０年代に、ニール・スティーヴンスンはＳＦ小説『スノウ・クラッシュ』で、仮想現実の世界を想像していました。作品の中の人々は生活の半分以上の時間をアバターとなってオンラインで過ごし、薄汚いカリフォルニアでの現実の生活には気にも留めなくなっていました。スティーヴンスンのビジョンは、既に現実のものとなっていたと思います。

そして、今回のパンデミックは、もちろんこの傾向を加速させました。家に閉じ込められ、物理的な世界に行くことができない、レストランやバーに行くのは危険だと言われ、人々はパソコンやスマートフォンを使って、より多くの時間をバーチャルな世界で過ごしています。

仮想世界の問題点は、現実世界で経済効果を生まないことです。ゲーム空間でデジタルマネーを貯めることはできますが、ゲーム空間からデジタルマネーを持ち出して、ショッピングモールやレストランで使うのはかなり難しいのが現状です。

つまり、現実世界と仮想世界はまったく別の世界であり、バーチャル世界の経済を現実世界の経済と結びつけられるようにするには、しばらく時間がかかると思います。もちろん今も関連性がないわけではありませんが、小規模です。

そうした視点に立てば、今のところ、二つのまったく違った世界があり、現実世界は不況に苦しんでいます。一方で、仮想世界の経済は急速に成長しています。その状況は奇妙で戸惑いを感ぜずにはおれません。世界が二つあり、一方は憂鬱な現実で他方はダイナミックに成長しているのです。二つの世界を行き来する人々は、永遠に「認知的不協和」〔矛盾する認知を同時に抱えた状態を示す社会心理学用語〕を抱えながら生活することになります。

――新型コロナウイルスの影響で、映画や音楽ライブのようなエンターテイメント産業が、インターネットを介して、仮想世界に導入されていっています。それは、本当の経済成長につながるのでしょうか。

ファーガソン　難しいと思います。オペラやクラシック、あるいはロックでさえも、インターネット上で機能させることが可能になるとは思いません。観客のいないコンサートやスポーツの試合がエキサイティングでないことは誰でも知っています。観客がいなければ、まったく別の種類のエンターテイメントにならざるを得ません。

小切手は配れても、おカネを強制的に使わせることはできない

――需要を刺激する経済の伝統的な方法は、もはや効果的ではないということでしょうか。人々の消費行動に期待した先行投資は、近未来ではどうなるのでしょう。

ファーガソン　ケインズは「雇用・利子および貨幣の一般理論」において「恐慌での決定的な変数は限界消費性向である」と記しています。ケインズの主張は、恐慌においては、限界消費性向［所得の増加分を、消費に費やす割合］を高める刺激を与える政策が必要だというものでした。

経済的なロックダウンとソーシャルディスタンスが求められている状況では、簡単なことではありません。多くの国で、人々は政府の警告に怯え、行動を変えざるを得なくなりました。そして、私たちが目にしているのは貯蓄率の大幅な上昇です。

検証すべきことは、ロックダウンが解除され、消費は上向いたのか、それとも、

ソーシャルディスタンスの影響で、貯蓄率は上昇したままなのか、どちらなのかということです。

これまでのところ、人々はパンデミック前の消費習慣に戻ることには消極的で、貯蓄することを望んでいます。これは、最大の政策課題です。

アメリカ政府が実施してきたように、人々に郵便で小切手を送ることはできます。企業に融資することもできます。誰も返さないと知りながら融資するのです。しかし、送ったおカネを強制的に使わせることはできませんし、経営者に儲からないビジネスを無期限に続けることを強制することもできません。そのため、早晩、標準的な景気刺激策の限界が露呈すると思います。財政赤字覚悟でどんなに大きな財政出動をしても、この状況下で人々の消費を促すことは不可能なのです。

それは、中国では既にはっきりしています。中国は雇用部門でも生産部門でも経済を回復させました。が、消費部門は完全に死んだままです。交通、移動、消費のデータを見ていると、コロナ以前の状態に戻るには長い時間がかかりそうです。

——日本人は基本的に貯蓄することが大好きです。それは個人の性向に留まらず、

日本の企業にも膨大な貯蓄があります。皮肉なことに、貯蓄があるからこそ、この困難な状況にも対応できているのかもしれません。ケインズは、流動性の観点からは過剰な貯蓄は経済にとって好ましくないと指摘していますが、新型コロナ危機では、貯蓄がうまく機能したのでしょうか？　それについて、どうお考えですか。

ファーガソン　貯蓄をやめろとはなかなか言えないのが現実だと思います。このような災害の直後にすぐ消費を再開する人はいません。アメリカの大半の人は、金融危機の生々しい記憶を刻んでいます。そして、今、新たな経済的ショックに見舞われているのです。人々が貯蓄するのは当たり前のことです。

　消費者がリスクに備えて消費を嫌い貯蓄を望んでいる限り、経済の回復は非常に遅くなると思います。ほとんどの国で、個人の貯蓄率が上昇すると思います。このままでは成長はさらに鈍化するでしょう。成長の大きな原動力は消費ですが、最近の中国でさえも鈍化しているのです。

本当の変数を見ることが必要

——貯蓄のない人や非正規労働者など、貧困層はどのようにしてこの危機を乗り越えればよいのでしょうか。どのような政策が必要ですか。

ファーガソン　先進国では政府が給付金を支給しています。アメリカは基本的にユニバーサル・ベーシック・インカムを導入しました。イギリスや他の国も同様です。アメリカの一部の地域の失業者は、就労していた時よりも多くの収入を得ていますが、これはアメリカ議会の勇み足です。人々が仕事に復帰できる時が来たら、悪い影響を与えると思います。

今年から来年にかけて、失業率はさらに上昇すると思います。金融危機の際には、失業率を２００８年以前の水準に戻すのに６年かかりました。２０１９年のアメリカの失業率は３・７％です。戦後の失業率としては非常に低く、１９６０年代後半以降では最低水準でした。その水準に戻すには、それ以上の時間がかかると思います。そして、人々は失業手当を長期間受け続けることになるでしょう。

11月の選挙で民主党が勝てば、給付はさらに膨らむと思われます。民主党政権はおそらく受給資格の幅を広げ、給付額を引き上げるでしょうけれども、そうなれば、失業率はさらに上昇するでしょう。近い将来に、失業率がさらに上がり、国の給付金への依存度が高くなる時代が来ると思います。特に、レストランのウエイターの仕事やギグエコノミー「インターネットを使って単発や短期の仕事を請け負う働き方」で生計を立てていた未熟練労働者は大きな打撃を受けることでしょう。

しかし、今より悪くなることはありません。パンデミック以前から、アメリカでは大学教育を受けていない人々の貧困が深刻な社会問題となっていました。ですが、今は、低学歴の未熟練労働者が就労できるような仕事もなくなってしまい、人々は国家の給付金で暮らしているのです。ですから、貧困層の人々にとっては、これ以上、悪くなることはありません。

――実体経済のダメージが、金融システムに深刻な影響を与えるというシナリオを心配する人が出始めています。それが不動産価格の暴落を誘発する可能性もあります。経済を守るためには、現在の経済システムの中で何に気を留めておくべきでしょうか。景気を回復する手立てはあるのでしょうか。

ファーガソン 経済を正しく認識するために私たちが抱えている大きな問題の一つは、モノの価格が実質的に政府・中央銀行によってコントロールされているため、必要な情報が隠されていることです。

それは金融資産の価格も同じです。3月中旬に連邦準備制度理事会（ＦＲＢ）やその他の国の中央銀行による大規模な介入が行われて以降、金利や株式市場は、経済の現実とは正反対の動きを見せています。そのため、米国の株式市場の株価は昨年の水準に戻っています。アメリカの経済について株式市場のことだけしか知らない人ならば、順風満帆だと思うに違いありません。失業率が20％を超えるとも懸念されている中で、これは正気の沙汰ではありません。

ですから、私たちは本当の変数を見る必要があると思います。金融変数は意味のあることを教えてくれません。

人々の移動やその他の行動の指標も見る必要があると思います。スマートフォンの位置情報を利用することで、以前より、人々の移動の実態を知ることができるようになっています。それらのデータからは、人々の行動がある意味で、コロナ以前の状況に戻りつつあることが分かります。

しかし、企業活動を見ると何人の人が実際に働いているのか不明です。人々の消費額を見ても明るい兆しはありません。つまり、健康にはよいと思いますが、人々がいくら公園での散歩やジョギングを再開しても、経済的には何の役にも立たないのです。

競争が問題を解決する

――ありがとうございます。次に、政治や国際関係について伺います。地域間の相互扶助のシステムは衰退の一途を辿っています。一方で、中国は武漢の新型コロナウ

イルスを完全に抑え込んだと喧伝しお祭り騒ぎになっています。中国のような体制や統制経済は、今後の世界に広がっていくのでしょうか。そして、自由や競争が世界から消えてしまう日が訪れるのでしょうか。

ファーガソン　今回の世界的なパンデミックで、各国政府の対応の結果を単純化し過ぎて考えるのは危険です。中国が手本を示したと考える人たちは、中国で起こった間違いをすべて見落としていると思います。また、アメリカは個人主義と自由主義の欠陥を露呈したと主張する人たちは、個人主義と競争システムの利点を忘れています。

今、世界中が新型コロナウイルスに対抗するワクチンを待ち望んでいます。そのワクチンはどこから来るのでしょうか。ワクチンは、世界中の１００以上の研究開発チームの激しい競争から生み出されます。その参加者には民間企業もあれば政府機関のチームもあります。競争こそが革新を生み出すのです。

私は新型コロナウイルスが中国のような監視国家への道を開くという考えには与しません。私は中国政府の12月と１月中旬までの対応を忘れてはいません。非常に酷いものでした。既に、武漢では社会システムは停止していましたが、何もしませんでした。新型コロナウイルスの深刻さを指摘した医師たちがいたにもかかわらず、中国政府が武漢を封鎖したのは1月23日になってからでした。これは致命的な失敗です。

新型コロナウイルスが世界的なパンデミックを引き起こした原因は、中国のシステムが失敗したことにあります。ＳＡＲＳの時も同じでした。ですから、私は、武漢でのウイルスの制圧が反個人主義的な監視システムの正当性を証明するものとは考えていません。私は、自由な競争に希望を託しています。競争こそがこの問題を解決してくれるのです。

ワクチンができるまで、こうした政策が一番効果的なのかという問題について考えてみましょう。実際、今、世界中の政府が実験を行っているのです。スウェーデンはドイツとは違う道を進みました。イギリスとフランスは違う方法を選びました。日本は韓国や台湾とは全く違う政策を追求しました。つまり、世界中の政府が金太郎飴のように同じ政策を推し進めるのではなく、各国政府が競争してさまざまな政策を実験することにより、最善の対処法を見つけ出すことができるのです。

——約2カ月前、あなたは新型コロナウイルスの初期の展開は、第一次世界大戦前夜

の状況に似ていると指摘されました。今も同じお考えですか。歴史から何を学ぶことができますか。

ファーガソン　人類の歴史は周期的な災害によって特徴づけられます。パンデミックはその一つに過ぎません。人災である戦争やその他の地震や津波、火山噴火、干ばつや飢餓などの自然災害もあります。日本の人々はこれらのことをよくご存知ですよね。歴史とは大規模な災害の連続なのです。

パンデミックはどのように社会を変えるのか

ファーガソン　難しいのは、パンデミックが国家や社会のシステムにどのような影響を与え、不安定化させるかを理解することです。

第一次世界大戦が、世界に及ぼした政治的、経済的影響を考えてみましょう。戦争は1914年が発端でした。人々は長い間、戦争が起きることを予測していたにもかかわらず、実際に勃発した時には非常に驚きました。ヨーロッパの帝国を中心に４年３カ月余りの間、対戦は続きました。そして、約１０００万人の若者が命を落としました。しかし、人口動態に壊滅的な影響は与えていません。兵役に就く年齢に達していない若者も大勢いたからです。

第一次世界大戦が世界に及ぼした最も重大な影響は、大戦最中の１９１７年にロシアで始まった革命への連鎖を解き放ったことです。つまり、大戦そのものの被害や犠牲は社会に大変動を与えなくても、世界的な大変動の誘因となったということです。

新型コロナウイルスは私たちの健康にとって大きな脅威であることはもちろんですが、私の大きな関心は、それ以上に、新型コロナウイルスによって、社会そのものが受ける影響の多寡にあります。

新型コロナウイルスで命を失う人の大半は高齢者であるため、多くの若い男性の命を犠牲にする戦争ほどのトラウマにはならないでしょう。問題は、どれだけの数の人が犠牲になるかということではありません。公衆衛生上の危機が、社会にどのような変容をもたらすかということなのです。

新型コロナウイルス封じ込めのため、世界は経済不況に陥っています。私は、この病気を封じ込めようとする試みの中で、経済不況が生み出されてきたと考えています。また、新型コロナウイルスを巡り、米中の緊張は、コロナ以前より遥かに高まりました。歴史的に重要なのは、実はこちらの方かもしれません。新型ウイルスでは多くの人が亡くなりましたが、実は、それ自体は歴史的には大きな現象ではありません。より大きな現象は、それによってもたらされた社会や国際秩序の変容なのです。

――歴史から、未来をどのように予想されていますか。世界が、この未曽有の経済的状況から回復するにはどのくらいの時間がかかるのでしょうか。1年ですか5年ですか。

ファーガソン　予言者は確信を持って未来を教えてくれますが、歴史家はあり得べき未来が複数あることを知っています。そのどれが現実になるのかは分かりません。不確実性が大きいからです。

二つの未来像

ファーガソン　可能性のある二つの未来を提示しておきましょう。好ましいシナリオでは、ワクチンがすぐに開発され、治療法が確立します。ウイルスの第2波に襲われることはなく、ウイルスは次第に消え失せていきます。同時に、消費者はワクチンがあれば感染しても回復できると信じることができるため、経済は急速に回復していきます。そして、危機は来年のうちには終息します。が、これは幸せな御伽噺となる可能性が大きい未来図です。

もう一つの未来は暗い未来です。ワクチンは開発されず、効果的な治療法も見つからない。ウイルスは猛威をふるい続けます。そして、突然、私たちが予想していたより遥かに状況が悪化していることが判明します。アフリカやラテンアメリカでは、今年後半に第2波に襲われます。北半球の多くの国では学校は再開されますが、経済状況は来年も落ち込んだままです。消費者は以前の消費習慣に戻るのを恐れているからです。消費者がウイルスを恐れている限り、ロックダウンを解除したとしても、景気回復は妨げられます。

率直に言って、私は暗い未来の方が可能性は高いと予想しています。が、最終的には、予想される二つの未来の中間点のどこかに収まるのではないかと思います。つまり、すぐにというわけにはいかないとしても、未来のどこかの時点で、医学的なブレイク・スルーが起こり、状況が一変することになるでしょう。ワクチンや治療法の開発に、多くの研究者がしのぎを削っているからです。

しかし、景気の回復は遅くなると思います。ワクチンが開発されたとしても、その時点では今よりさらに景気は縮小しているでしょうから、すぐにV字回復することはないでしょう。

ですから、公衆衛生の観点からは、いずれ明るい未来は訪れると思いますが、経済成長という観点では、楽観することはできません。

――最悪のシナリオはどのようなものでしょうか。それを回避する手立てはありますか。

ファーガソン　最悪のシナリオとは1930年代に起こったことが、12倍速で再現されてしまうような事態です。既に、経済状況はそうなっています。1929年からの不況では、アメリカの失業率は20％を超えるのに3年かかりました。が、今回の危機では僅か3カ月で急激に悪化し、既にそれに迫る勢いです。もし、今、1930年代全体がオリジナルの12倍の速さで再現されているとしたら、今年中に、世界はさまざまな地域で戦争や紛争の可能性を含んだ甚大な危機に見舞われることになるでしょう。

第三次世界大戦の危機——最悪のシナリオ

ファーガソン　ロシアと中国の政権は、パンデミックで経済が縮小したことで、国内の圧力に晒されています。もし、政権のリーダーが危険なギャンブルを決断するとすれば、中国は台湾を攻撃し、ロシアは東欧、おそらくリトアニアに侵攻する可能性があります。

一方、アメリカは根深い政治的分裂と深刻な不況の中で11月の大統領選挙に向かっています。その中で、地政学的危機が勃発すれば、アメリカは準備不足のまま、ハイスピードで1939年の危機に突入してしまう。1939年は第二次世界大戦勃発の年です。

これが、私にとって最悪のシナリオです。ワシントンと北京が交わしている、例えば香港を巡る言葉の応酬を聞いていると、そう考えざるを得ません。特に、台湾が中国の野望の対象になった場合、事態はさらに悪化する可能性が高いと思います。

盤石と思われていたプーチン大統領のロシア国内での立場も非常に脆弱になっていると思います。それは危険です。彼の過去の行動を振り返ると、状況が悪い時には軍事行動を起こし、人々の目を経済的な現実から目をそらす傾向があることは明らかだからです。

今回の危機は、ウイルスの猛威によって人々の命がさらに失われていくことや、経済状況の回復が困難な状況になってしまうことだけではありません。最悪のシナリオは、ウイルスを契機に経済がダメージを受け、それにより、第三次世界大戦へと早送りで突入してしまうことです。現在の米中関係を考えると、その可能性はゼロとは言えないのです。

第2章

社会的距離を越えて「未知の領域」と向き合う

闘う「経済学の知の巨人」
スティグリッツ

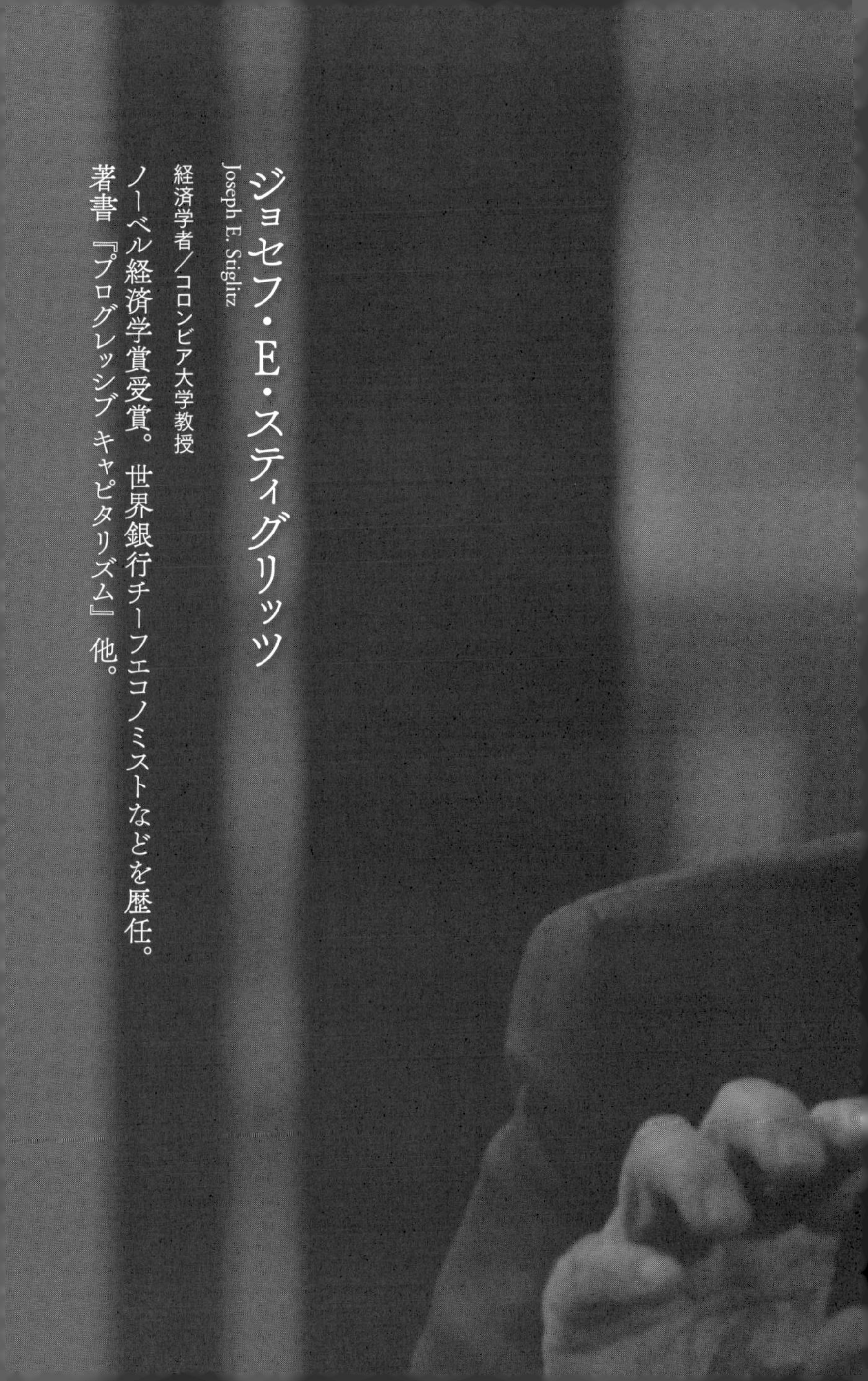

ジョセフ・E・スティグリッツ

Joseph E. Stiglitz

経済学者／コロンビア大学教授

ノーベル経済学賞受賞。世界銀行チーフエコノミストなどを歴任。

著書『プログレッシブ キャピタリズム』他。

民主主義の脅威——資本主義の今

安田洋祐（以下、安田）　以前、『欲望の資本主義』シリーズの最初の番組でもお話を伺いました。その時「アダム・スミスは間違っていた」と指摘されています。「現代資本主義の発展の光と影を想像できなかった」と。あの言葉はとても印象的でした。あれから3年半を経ましたが、資本主義の現状をどう見ておられますか。お考えに変化はありますか。

スティグリッツ　予測していたより、状況は悪くなっています。特に政治です。政治は経済を反映したものです。

世界各国各地に扇動政治家や独裁者、ネオファシストとも言うべき人々が現れました。民主主義が脅威に晒されています。中国やロシアは明らかに民主主義ではありません。世界の大部分が、私たちが考える民主主義の国ではなくなってしまいました。混乱している世界の中で、日本のような国は平和でほっとする場所に見えます。

安田洋祐 × ジョセフ・E・スティグリッツ

安田　そうですか。

スティグリッツ　今起きていることの一つは、市場経済の失敗だと私たちは理解しています。40年前のレーガンとサッチャーの新自由主義は、グローバリゼーションやファイナンシャリゼーション、国際化に金融化、そして技術の進歩がすべての人々の生活水準を高めると約束しました。格差や不平等は広がるかもしれないが、強力な成長により誰もが恩恵を受けるという公約でした。

安田　いわゆる「トリクルダウン理論」ですね。

スティグリッツ　そうです。しかし、うまくはいきませんでした。実際に起こったのは、成長の鈍化です。恩恵を受けたのは規格外の大富豪だけでした。

例えば、今日のアメリカでは、フルタイムで働く男性のインフレ調整後の平均的な収入は42年前と同じレベルです。それでも平均的な収入を得られる人は幸運です。最下層の人々の賃金は60年前の水準に留まっています。毎年、状況は悪化するばかりです。

安田　驚くべき状況ですね。

スティグリッツ　多くの人々が水準以下の生活を強いられているという状況が、世界中で民主主義を損ない、結果トランプのような扇動政治家の登場を許しました。その因果関係を解き明かした研究もあります。

市場経済の失敗が、今、民主主義の脅威となっているのです。

トランプの「夢」がアメリカを破壊する

安田　トランプ大統領の保護主義的貿易政策は世界に衝撃を与え、混乱させました。トランプ大統領の政策は共和党の従来の貿易政策と比べても標準的とは言えません。彼は自由貿易を制限することにより「偉大なアメリカ」を復活させようとしているようです。

スティグリッツ　元々、私は共和党の経済政策には反対していましたが、トランプ大統領の政策はその比ではありません。呆れます。

私たちに必要なのはルールのある世界です。法の支配なくして経済は機能しません。法の支配が必要です。世界経済ではＷＴＯが法の支配の基本となっていました。どのようなルールを作るのか、刷新するか否かの詳細については意見が対立することもありますが、法の支配は必要です。しかし、トランプは法の支配自体を壊そうとしています。それがカオスや不確実性をもたらしています。トランプには経済の知識がまったくありません。そのため、彼の政策は彼の支持者たちも含め、人々を窮地に追いやっています。

例えば、トランプがいくら喚いても製造業がアメリカに戻ってくることはありません。たとえ中国に非常に高い関税をかけたとしても、輸入先がベトナムやバングラデシュ、スリランカなどに移るだけです。製造業がサウスカロライナに移ることはありません。多少戻ってきたとしても、製造業を担うのはロボットです。雇用を生むこともなければ、失業者が職場に戻れることも絶対にありません。失業者が新たな職を得るには、新たなスキルを獲得するしかないのです。

トランプはアメリカが製造大国だった1950年代から1960年代の夢を追いかけています。第二次世界大戦後、アメリカは資本主義諸国では唯一の大国でした。トランプが望むのはそのような世界の再現です。しかし、そんなことはできません。無理です。時計の針を巻き戻すことはできないのです。

トランプの目論見の一つは石炭産業の復興です。トランプは炭鉱作業員の雇用を守ろうとしていますが、石炭の時代は終わっています。地球温暖化の問題で石炭はもう使えません。一方、今日では炭鉱作業員の何倍もの数の労働者がソーラーパネル設置の作業をしています。再生可能エネルギーの分野です。にもかかわらず、石炭産業を守ろうとすることは、成長分野の産業の成長を妨げようとすることです。

つまり、トランプは石炭を守るためにソーラーパネルの普及に待ったをかけようとしているのです。石炭は人間の体に害を及ぼします。炭鉱作業員だけでなく社会全体の人々の健康を蝕みます。有害なエネルギー源に戻って、私たちが研究を重ねコストも低下させたクリーンなエネルギーの利用を妨げるなど馬鹿げています。未来社会の在るべき姿を大統領が理解していないために、アメリカが損害を被るのです。

明らかなのは、トランプのような扇動政治家の登場を許した私たちの社会のシステムにも問題があり、何かがうまくいっていないということです。

私たちは新自由主義に基づくレーガン以降の資本主義を刷新し、新たな資本主義に移行すべきです。

株主資本主義とボーター・サプレッション

安田　新著 *People, Power, and Profits: Progressive Capitalism for an Age of Discontent*（民衆、権力、利潤：不満の時代に進歩的な資本主義を）のタイトルに"Progressive Capitalism"「進歩的な資本主義」という言葉を使っていますね。その意味や意図を教えてください。

スティグリッツ　私の主張は、資本主義は民衆のためにあるということです。民主主義とは、人々が権力を分かち合うということです。資本主義はその民主主義制度の一部であるべきで、資本主義の目指す利潤は、「権力を分かち合う」という民主主義の目的を達成するための手段であって、目的ではありません。

しかし、アメリカ式の資本主義はそれを忘れています。「株主資本主義」となってしまったからです。大半のアメリカ人は権力を失い、一部の少数の手に権力が集中しています。経済的な権力に留まらず、政治的な権力も一握りの人々に集中していま す。経済的格差が広がって、それが政治的不平等をもたらしました。アメリカの資本主義が生み出した利潤は、アメリカの人々には配分されなかったのです。そして今、実際に民主主義の土台が崩れつつあります。

共和党はボーター・サプレッションと呼ばれる選挙戦術を展開しています。ライバル陣営の支持者が投票に行かないように誘導したり、あるいは、投票に行けないように仕向けたりする卑劣な戦術です。例えば、投票当日の朝に不特定多数の有権者に、「○○候補は当選確実」という虚偽の電話をかけるといった戦術です。その情報を信じた有権者は投票所に行くのをやめてしまいます。

虚偽の電話はあからさまな手法ですが、人々の目に映りにくくした巧妙で卑劣な手法でもボーター・サプレッションは展開されています。アメリカの多くの州では投票日は平日です。そのような国はあまりありません。投票日が日曜日の日本とは違うのです。投票するには仕事を休まなくてはなりません。投票に行くと収入が減るのです。もっと露骨に、投票時間を非常に短くして、生活のために仕事が休みにくい人が投票に行けないように仕向けている州もあります。

大統領選挙制度も問題です。間接選挙であるため、２０００年の選挙ではブッシュ大統領が、２０１６年にはトランプ大統領が、過半数の票を得ていないにもかかわらず、それぞれ対立候補だったゴア氏やヒラリー・クリントン氏を破って当選してしまいました。連邦議会選挙でも同じことは起きています。２０１６年の下院選挙では、アメリカ人の過半数が民主党に投票したにもかかわらず、当選者の数では共和党が民主党を上回りました。

安田　アメリカの中所得者層や低所得者層の賃金が長期間上昇していないことを指摘されましたが、主な原因は政治だと考えておられますか。それとも経済システムなのでしょうか。

スティグリッツ　政治と経済システムの双方が作用し合ってのことです。政治の問題としては、最低賃金を引き上げていないことが指摘できます。

テクノロジーの発展に後押しされて、経済のグローバリゼーションが進展してきた過程で、アメリカの労働者は中国やバングラデシュなどの低賃金の労働者との競争を強いられることになりました。それによって賃金が下がってしまいましたが、政治は何の手も差し伸べませんでした。

差し伸べることもできたはずです。私が政府で働いていた時「クリントン民主党政権下の1993年から大統領経済諮問委員会委員、95年から97年に同委員会委員長を歴任」には、グローバリゼーションによって職を失った人々を支援しようとしましたが、共和党の反対でできませんでした。共和党は企業の利益と繋がっているからです。

日本の消費税増税は不適切

安田　日本の問題についてお伺いします。今年（２０１９年）の10月から日本では消費税率が10％に上がります。この増税には賛否両論があり、経済学者たちもそれぞれ異なる見解を持っています。どのように評価されますか。

スティグリッツ　世界的に経済成長が鈍化しているこのタイミングで、日本が増税をすることには疑問を感じています。日本にとっても世界経済にとっても非常に苦しい時期の増税だと思います。世界経済は今後停滞するからです。アメリカもヨーロッパも中国も問題を抱えていて、特に中国の減速は顕著です。トランプの保護主義政策はすべての国を相手とした貿易戦争です。さらに、アメリカとイランとの緊張が高まっており、これが世界的な不確実性を生み出しています。どこに投資すべきなのか誰も分からず、投資すべきか否かも分かりません。その影響で世界経済が停滞しているのです。そして、この状況に対処できるツールを我々は持ち合わせていません。連邦準備理事会（ＦＲＢ）議長が言ったとおり、利下げは不確実性の影響を打ち消せません。少しは効果があるかもしれませんが、経済を回復させることはありません。

多くの人がアメリカ経済に関して「失業率は歴史的な低水準になっている」と、評価しています。が、私はアメリカ経済に不安を感じています。アメリカ経済が成長の力を失っているのは明らかです。

２０１７年12月に税制を大幅に改定し、１・５兆～２・５兆ドルの減税を実施したにもかかわらず、現在、アメリカの経済成長率は２％強です。今後、２％以下になると予想する経済学者もいます。２０１８年２月には政府支出を３０００億ドル増加させ、この夏（２０１９年）にも３０００億ドル以上増加させました。財政赤字は１兆ドル目前で、ＧＤＰ比は４・５％です。このような財政出動をして、かつ、低金利政策を続けているにもかかわらず、経済成長率は２％強に過ぎないのです。健全ではありません。

景気循環を考えると、今（２０１９年８月）の時点で既に大幅な財政黒字が出ていなければならないはずです。既に、経済が回り始めていなければなりません。しかし、そうはなっていません。今の時点でアメリカ経済がこんなに弱い状況では、何か突発的な大きな問題が発生すれば、深刻な事態に陥るでしょう。

ヨーロッパにも問題はあります。ドイツは不景気です。ヨーロッパはユーロのためにさまざまな不確実性をはらんだ要因に対処することが難しくなっています。ですから、繰り返しになりますが、世界的に経済が鈍化している状況下で、日本が増税するのは不適切だと考えます。

何年も前から言っていることですが、このような状況下で日本が増税を断行するなら、消費増税ではなく、炭素税を導入すべきです。

一挙両得の炭素税

安田　消費税の代わりに炭素税ですか。

スティグリッツ　そうです。炭素税により、環境にダメージを与える経済からグリーンエコノミーへの移行が加速されます。それは、地球環境に資するだけでなく経済を刺激することにもなります。企業はグリーンエコノミーへの転換のために、投資しなければならないからです。つまり、炭素税を導入すれば、国の歳入が増えると同時に、経済を刺激することにもなるわけです。一挙両得です。

炭素税の導入を先延ばしにしていると、近い将来に不利益を被る可能性もあります。ヨーロッパはアメリカ、アジア、アフリカに先んじて、二酸化炭素に対処すべく非常に強力な対策を実施しています。欧州委員会の新しいリーダーは、二酸化炭素排出量削減の対策を講じない国に対して、国境炭素税を課す方針を示しています。競争の条件を公平に保つためです。

私は、世界の国々がこのヨーロッパの取り組みに賛同することを願っています。２０２１年まで待たなくてはなりませんが、民主党政権になればアメリカも賛同するはずです。

安田　私も同意見ですが、政治的な課題があります。日本経済の屋台骨である製造業の企業が、炭素税の導入に強く反対しているからです。たとえ、国民の大多数が賛成したとしても、炭素税を導入するのは簡単ではありません。

スティグリッツ　その問題は理解していますが、私の認識では、世界中に進出している日本の大企業は既に考えを改めています。アメリカやヨーロッパで自社製品を販売するためには、グリーンテクノロジーへの転換は必須と理解しているからです。ですから、日本の製造業の企業の考え方も変わっていくでしょう。中小企業もそれに気付けば賛成に転じるはずです。つまり、近未来的に考えて、この問題に否はありません。問題が発生する前に対処するか、問題が起こった後になって、諸外国に遅れて対処するかのどちらかしかないのです。

安田　なるほど。未来に目を向けることが課題解決の鍵を握っているわけですね。

スティグリッツ　企業や国民への説明は必要だと思います。世界がどこに向かっているのか、二酸化炭素排出を抑えるためにどのような技術が求められているのか。それを丁寧に説明しなければなりません。

もちろん、中小企業には大企業よりは長い移行期間が必要かもしれません。安倍首相は消費税増税を発表した際、例外をたくさん作りました。食品の消費税率は据え置きました。政治的に非常に慎重だったのです。

炭素税に関しても、同じように慎重に導入すればよいのです。二酸化炭素排出量を削減するには、設備投資が必要です。大企業はすぐに実行できるでしょうが、中小企業には大きな負担となり、簡単には設備投資できません。そのことを配慮して、中小企業には十分な移行期間を認めなければなりません。

炭素税導入には行動計画を示すことが重要です。10年後、日本はどこに向かわなければならないのか。それを国民や企業に示し、説明しなくてはなりません。

安田　経済学者も一役買うことができるかもしれませんね。利害関係者のインセンティブをどのように設計するのが妥当か。

スティグリッツ　その通りです。条件は確実に平等にしなければなりません。きめ細やかな支援策も重要です。小さな企業や特定の産業など、個別の事情を考慮した適切な支援が必要です。が、それは一時的な支援であることは明確にしておくべきです。環境にダメージを与える経済からグリーンエコノミーへ移行する間だけです。

ＭＭＴの効果は限定的

安田　言うまでもなく、消費税増税の前提には深刻な財政赤字があります。そして、日本だけでなく、多くの先進国が財政赤字の問題を抱えています。そうした中で、現代貨幣理論＝ＭＭＴ［貨幣は商品ではなく、信頼に基づく貸借関係の記録であり、銀行等が通帳などに記録して貸出した時に創出され、返済によって消滅するなどとする、現代の貨幣についての理論］が注目されています。そのメッセージの一つが、「インフレが起こるまで財政赤字は放置してよい」というのが理由ではないかと思います。

現代貨幣理論の主張をどのように評価されますか。

スティグリッツ　現代貨幣理論が注目されたのは、リーマンショック後の大不況を受けてＦＲＢがマネタリーベースを８０００億ドルから４兆ドルに増やしたことがきっかけです。通貨の供給量を増やしたのです。欧州中央銀行も日本銀行も同じことをしましたが、どこにもインフレは起こりませんでした。

しかし、インフレが起きなかったのは、その金融政策に効果がなかったからとも言えます。モノの需要も増えませんでした。効果がまったくなかったとまでは言いませんが、非常に限定的な効果しかありませんでした。ですから、現代貨幣理論の効果も限定的だと言わざるを得ません。

通貨供給量を増やす金融政策に効果はなく、私たちは恩恵を受けません。インフレも起こりません。そんな政策は評価に値しません。政策に効果があれば、ある程度のインフレを誘発していたはずです。

効果的な政策は、通貨供給量を増やすことではなく労働人口を増やすことです。アメリカにも日本にも、ある程度の余剰労働力があり多くの潜在的な失業者が存在します。別の言い方をすると、労働人口の数パーセントは、生産に関わることを諦めてしまっているのです。

そうした人々の多くは、現代の経済に必要とされるスキルを持ち合わせていません。一朝一夕にとはいきませんが、そのような人々を訓練し直せば、市場は成長できます。また、労働市場の慣習や構造を変えて、より多くの女性や高齢者が労働に参入できるようにすれば、市場は成長します。日本ほどではありませんが、アメリカでも労働市場における女性の比率は高くありません。もちろん、それには時間がかかります。

ですからアメリカにはもっとアグレッシブな刺激策が必要です。現代貨幣理論はそのほんの一部となるだけです。「財政拡大してよい」というメッセージは理解できます。例えば、今のようにＦＲＢが銀行におカネを貸すよりも、政府におカネを貸してインフラ整備をするほうが効果的でしょう。もちろん、汚職や浪費を防ぐために強力なガイドラインが必要ですが、本物の需要を創造するためにそのおカネを使えば、経済に好影響を与えます。

安田　そうすれば本物の効果が現れるでしょうね。

スティグリッツ　銀行におカネを貸しても、銀行はＦＲＢにそのおカネを預けるだけです。つまり、単に政府が銀行を支援しているだけです。政府と銀行がうちうちでおカネを創り出すだけでは、何も解決できません。

安田　似たようなことは、私企業でも起こっていますね。自社株の買い戻しが横行し、本当の投資をしていません。

スティグリッツ　それは、アメリカでは大きな問題です。２０１７年12月の〝トランプ税制改革〟を、トランプ政権は減税策だと喧伝しました。しかし、実際に施行されると、減税になったのは大企業と億万長者だけで、アメリカ人の大半にとっては増税となりました。賃金は少ししか上がりませんでした。そして、企業は減税で得たおカネを投資には使いませんでした。そのほとんどが、自社株の買い戻しに使われたのです。

結果、トランプ税制改革後も、期待したほどの経済成長はありませんでした。一度か二度「シュガー・ハイ［一時的な興奮状態］はあった」と私たちは見ています。一度か二度の四半期だけ３・５％か３・１％の成長率にはなりましたが、今では非常に沈滞した成長率に戻っています。置き土産は財政赤字です。膨大な財政赤字を抱えたのに、その見返りはほとんどなかったのです。

安田　アメリカの資本主義の深刻な問題の一つですね。

スティグリッツ　その通りです。繰り返しになりますが、アメリカの経済の深刻な問題の一つは不平等です。

デジタル通貨は取引の効率を高めるが……

安田　経済的不平等や格差の問題や、進歩的資本主義については、後ほど詳しくお伺いします。その前に、一つだけ、近年、世界の耳目を集めているデジタル通貨について、見解を伺いたいと思います。

前世紀末からのデジタルテクノロジーの急速な発展により、近年の経済活動には新しい種類のサービスやビジネス、システムが現れました。例えば、最近話題になったリブラがあります。フェイスブックが発表した新しいデジタル通貨です。ビットコインなどの暗号資産（仮想通貨）や、民間銀行が発行するデジタル通貨、あるいはクレジットカードなども含めた、新たな通貨についての総合的な評価をお願いします。

スティグリッツ　概して、デジタル通貨は良いものだと思いますが、リブラのような「暗号資産」には断固反対です。

　デジタル通貨がさらに普及すれば取引がより効率的になります。一方で、大きな障害は市場支配力です。VISAやMastercard、American Expressの市場支配力です。既にこれに対処した国もあります。オーストラリアは規制によりその市場支配力を制限しました。デジタル通貨の普及には、取引に参入できる、競争できるプラットフォームがあることが重要です。

不正行為を助長する暗号資産

スティグリッツ　暗号資産には反対です。取引の透明性が損なわれるからです。国際社会はこの20年間、金融システムの透明性を高めるための努力を惜しみませんでした。マネーロンダリングや脱税、麻薬の取引など、秘密口座を使った不正行為を止めるためです。

私たちの社会が、「電子プラットフォームを使えば、取引は秘密にしてもいい」と認めることなど、私には想像もできません。普通のプラットフォームでは不可能なのに、電子プラットフォーム上ではやりたい放題が許されることなど馬鹿げています。暗号資産が「暗号」のままだったら、重要な通貨にはならないし許可もされないでしょう。

今のところ、市場支配力が弱いため、暗号資産に注目する人は多くありません。アメリカやヨーロッパの規制当局の反応は「市場支配力が大きくなったら禁止する」というものです。そうなれば、当然、フェイスブックは「我々はすべての規制に従います」と言うでしょうが、すべての規制機関は透明性の確保を義務化するはずです。しかし、透明であることと暗号であることは両立しません。

安田　根本的な矛盾があるわけですね。

世界が必要としないものを創り出した――リブラ

スティグリッツ　加えて、暗号資産には一連のマクロ的及びミクロ的な問題があります。透明性が確保できなければマクロ経済政策を管理するのは非常に難しくなります。

　リブラには通貨バスケット制［主要通貨を相応の比率で組み込んで構成する「バスケット」の加重平均値に、自国通貨を連動させる為替制度。リブラは複数の法定通貨や資産でその価値を裏付ける「通貨バスケット制」を採用する］であるという問題もあります。損失のリスクを分散するヘッジ取引をする大投資家には良いシステムなのでしょうが、例えば、ケニアの農民には通貨バスケット制はまったく必要ありません。さまざまな国々、特に新興国や発展途上国の人々には、グローバルに安心して使える通貨が必要なのです。

　リブラを構想した人たちは、考えられるすべての問題を検討しなかったのではない

でしょうか。それが人々の支払い手段となるのか、違法行為を助長する秘密の暗号資産を作ることになるのか、世界が必要としている通貨はどのようなものなのか、つまるところ自分たちがしようとしていることは何なのか、それらのことについて熟慮していなかったとしか思えません。そして、世界が必要としないものを創り出したのです。

安田　取引の透明性を担保するデジタル通貨ならばよいけれど、透明性を損なう暗号資産には反対ということですね。デジタル通貨には効率性のほかに、金融包摂「すべての人々が必要な金融サービスを安価で簡単に利用できる状況」という観点からも利点があります。フェイスブックもこの点を主張しています。

スティグリッツ　それは支払手段としての利点です。暗号資産を使わなくても、ケニアでの金融包摂は非常にうまくいっています。取引費用も安くなっています。競争があるからです。私には、フェイスブックがリブラを公共サービスとして普及させようとしているとは到底思えません。営利目的です。しかも、競争をしようとはしていません。フェイスブックは市場を独占したいだけです。金融包摂はなされるべきだと心から思いますが、前提として、利益が出ないほど激しい競争があるのが望ましいのです。その国の自国通貨による、競争のあるプラットフォームが必要です。結局、何が目的かという問題につきます。

不平等——アメリカ資本主義の病理

安田　本題に戻りましょう。これまでアメリカの資本主義の深刻な問題は不平等だと指摘し続けてこられました。その問題について具体的にお話しください。

スティグリッツ　先ほども申し上げた通り、最も大きな問題は、経済の不平等により民主主義社会が危機に晒されていることですが、経済自体にも深刻な悪影響を与えています。経済的不平等が経済全体に与える深刻な影響の一つは、総需要や投資が減ることです。貧困層は手にしたおカネのほとんどすべてを消費に使いますが、富裕層は資産や収入の一部しか消費には使いません。ですから、不平等を作り富を富裕層に集中させると総需要が減り、そのため投資も減ってしまうのです。しかし、不平等を促す政策はレーガン時代から続けられています。

もう一つ、大きな問題が生じています。さまざまな産業で独占企業が増えていることです。グーグル（Google）、アマゾン（Amazon）、フェイスブック（Facebook）、アップル（Apple）のGAFAだけが注目の的となっていますが、実は、ドッグフード業界などさまざまな産業で一極集中が進んでいます。つまり、アメリカ市場から激しい競争が失われているのです。電話代は高額ですし、その他の多くの分野でも価格が高くなっています。それが、インフレ調整後の賃金が上がっていない理由の一つです。

格差解消に再分配は不可欠

安田　これまで格差の解消を主張し続けて来られました。格差解消のもっとも直接的な方法は再分配ですが、最低賃金を上げるという方策もあります。日本の政策立案者の間では、最低賃金の問題が活発に議論されています。最低賃金を上げるという方策について、お考えをお聞かせください。

スティグリッツ　私の進歩的資本主義のテーマの一つは、格差と不平等に対処するための包括的な計画です。経済ゲームのルールと再分配の両方にかかわるものです。私たちは、税額控除などの方策に目を奪われがちで、経済ゲームのルールが控除前の所得に与える影響を見逃しがちです。実は、こちらの方が重要で、控除前の所得に格差がもっと少なければ、再分配の必要はさほどありません。ですから、このルールを変えることが何より重要です。

控除前所得をより平等に近づけるために重要なのは、独占企業の力を排除して労働者の交渉力を強め労働組合を強化することや、グローバリゼーションを再構築して労働者の賃金が下がらないようにすることなどです。最低賃金を上げることもその一つです。最初に申し上げた通り、アメリカのインフレ調整後の最低賃金は60年前と同レベルです。多くの最下層の人々が苦しんでいるのも当然です。

しかし、一朝一夕にはいきません。そのため、再分配は不可欠です。その方策の一つは、アメリカの保守派さえも含む多くの人々が支持する方法ですが、給付付き勤労所得税額控除［税額控除の適用に加え、課税最低限以下の者には給付金を支給する仕組み］と呼ばれる賃金助成制度です。例えば、賃金が時給8ドルの場合、政府が時給当たり16ドルを助成して、時給を3倍にする仕組みです。人々の労働意欲を高めることが狙いです。

安田　経済的不平等に対処する包括的な政策には、経済ゲームのルールの見直しと再分配の双方が重要で、最低賃金の引き上げもその政策の一つということですね。

スティグリッツ　その通りです。ほんの一つの例に過ぎませんが、重要な一つです。

安田 先進諸国の中で、日本とアメリカの最低賃金は非常に低水準にあります。見方を変えると、最低賃金を上げる余地があるのかもしれません。

高賃金はイノベーションを促す

スティグリッツ 間違いありません。グローバリゼーションや技術の急激な進歩を全面的に受け入れながら、高い生活水準を維持し続けているスカンジナビア諸国について、研究したことがあります。興味深かったことの一つは、高い賃金がイノベーションを誘発していたことでした。理由は簡単です。製造業者が高い賃金を維持するには、生産性を高めなければならず、その方法を考えざるを得ないからです。スカンジナビア諸国の人々は、高賃金は生産性を高めると確信しています。

アメリカの生産性がこれほどまでに低いのは賃金が安いからです。加えて、賃金と生産性の関係を解明する研究や、特別な技能のない労働者の生産性を上げるための社会インフラに投資しないからです。

安田　産業革命が最初にイギリスで起こったのは、当時のイギリスの平均賃金が他国に比べて非常に高かったからだとする仮説があります。高賃金の労働者を維持するには、新たな技術を導入しなければならないという動機が当時のイギリスの企業にあったのかもしれません。

スティグリッツ　そうです。それが産業革命に関する一般的な説の一つです。高い賃金によって誘発されたのです。

安田　賃金を高くすることは、格差縮小を促すだけではなく、新たな技術やイノベーションの誕生を誘発することにもなるかもしれないわけですね。

スティグリッツ　その通りです。アメリカでもかつて見られたことですが、1929年に端を発した大恐慌の際に、フランクリン・ルーズベルト大統領が断行した重要政策の一つは、最低賃金を設定したことでした。北部の工業地帯だけではなく全土で実施しました。

アメリカ南部にはアフリカ系アメリカ人に対する差別の長い歴史がありました。奴隷解放後も、彼らはしいたげられたままだったのです。かつて奴隷だった人々を〝隔離〟し、非常に低い賃金で搾取していました。結果、南部では経済の活気が失われました。アメリカの他の地方よりずっと貧しくなったのです。

しかし、最低賃金が設定されたことで、南部は搾取をベースにした経済から脱却することができました。南部は新しい産業の振興の必要に迫られ、その時にアトランタなどの町は発展しました。アメリカの他の地方に比べると今も豊かではありませんが、その差は縮まりました。

デジタル社会の新たな搾取

安田　「搾取」という言葉を使われましたが、今日、新たなタイプの労働者の搾取が始まりつつあるとの指摘があります。ウーバー（Uber）などのギグエコノミー［インターネットを介して、単発の仕事を受発注する働き方。または、それによって成立する経済形態」と呼ばれる今まではなかったシェアリングエコノミー市場で搾取が起こりつつあるとの指摘です。こうした、新たなタイプの搾取について、どのようにお考えですか。

スティグリッツ　非常に深刻な問題です。それが労働者の権利や労働組合化に関して、より広範な立法が必要だと思う理由の一つです。アメリカにも、ばらばらになった労働者を結集させようとする労働組合の動きがあります。かつて労働組合は製鋼所などに集中していましたが、今では労働組合が別々の企業で働いている人々や、個人で働いているタクシー運転手などをまとめようとしています。ニューヨークではタクシー運転手の最低賃金に関する条例案が通りました。私たちの調査では、条例案が通る前のニューヨークのタクシー運転手の平均賃金は時給6ドルでした。

安田　僅か6ドルですか。

スティグリッツ　はい。待ち時間を含めると、最低賃金以下の水準です。新しいテクノロジーにより運転手の待ち時間を正確に計算できるようになりました。そうした技術を使った私たちの調査で、タクシー運転手がとんでもなく搾取されていることが分かったのです。タクシー運転手はニューヨークでは危険な仕事です。しかし、低賃金のため1日12時間から15時間の長時間労働を強いられています。

安田　タクシー運転手などの職種には、年金などの社会保障もない場合が多いですね。

スティグリッツ　その通りです。社会保障の範囲を広げなければなりません。年金だけでなく健康保険も含めた他の形の社会的保護の範囲も広げるべきです。

新しい社会契約

ディレクター　ご指摘のような問題を解決するための方策として、新著で、社会契約や社会資本の重要性を指摘されていますが、企業の経営者に、社会契約の概念を実現することができるのでしょうか。難しいことのように思えますが……。

スティグリッツ　私が言う進歩的資本主義の一つの側面は、市場と国家や市民社会が一体となった新しい社会契約の必要性にあります。これに対し、新自由主義は市場が最も重要であると位置づけ、他のすべてを下に置いています。それを、バランスの取れたものにしなくてはなりません。

ご質問の趣旨が「企業の自発的な行動により社会契約が実現できるのか」ということであれば、答えはノーです。企業の自発的な行動は重要ですが、信用することはできません。少なくともアメリカの社会では、短期的な利益を求めて規範を破る企業が常に存在するからです。例えば、労働条件について、自発的に社会契約を実現して雇用条件を改善した企業とそうでない企業では、競争の条件が異なってしまいます。

信頼や信用だけに頼ることはできないということを、アメリカ人はよく知っています。例えば、大学ですが、ほとんどの大学は質の高い教育を提供したいと思っています。しかし、トランプ大学［トランプが設立し、現在閉鎖中の〝大学〟。詐欺商法だとして、元受講生から提訴された］は学位を与えることができない〝大学〟で、受講料を取って搾取するだけでした。大統領が搾取の象徴なのですから、アメリカ人は信用に頼ってはいけないことを理解しているのです。ですから、ルールが必要です。学生から授業料を取るなら、確実にその見返りを提供しなければならないという規則を作らなければなりません。多くの大学にとっては当然のことですが、規則を作ることで、悪意のある企業や法人の参入を防ぐことができるのです。

そうした例はいくつも挙げることができます。私は清涼飲料水の製造会社の顧問をしていたことがありますが、当時、ＣＥＯの女性は、子供の糖尿病に清涼飲料水が与える影響を懸念していました。けれども、現実的には、その会社が糖分を大量に含んだ清涼飲料水の製造を止めても競合会社が販売します。ですから、売りたくないと思っても、競争に勝ち抜くため売らざるを得ません。しかし、子供への販売の制限や、子供向けの飲料水のサイズや砂糖の含有量などについての規制があれば、どの会社も競争の条件が同じになります。子供向けに適切な商品を製造したいと考える人が、それを実現できるようになるのです。

安田　立法や規制などの経済政策が社会契約の一助になるということですね。

スティグリッツ　その通りです。

本当の豊かさ――経済の目標は幸福の増大だ

ディレクター　現代の資本主義は第2次産業中心の時代から第3次産業へ、さらに今第4次産業革命という概念すら叫ばれる時代へと移行しています。しかし、そうした変化が社会に本当の豊かさをもたらしているようには見えません。「豊かさ」に関する見方・考え方は変わるべきだと思われますか。それは、可能でしょうか。

スティグリッツ　経済の目標は個々人の幸せを増やすことです。人々の幸せな生活に必要なのは健康と教育、食料、住宅などです。過去には有形の物質的な財が大切だと考えられていました。人間には何より衣食住が大切だと考えられていたからです。それらはすべて有形財です。

現代の経済では、全体の2%の労働力で人々が消費する食料のすべてを生産できます。おそらく8%ぐらいの労働力で、食料以外の有形財のすべてを生産できるでしょう。つまり、労働力の大半を、有形財以外の生産に使うことができるのです。

人々の幸せは衣食住を充たす有形財だけにあるのではありません。テレビや映画を観たり本を読んだり、ソーシャルメディアに参加したり、さまざまです。ですから、私たちは「経済」の概念を変えなければなりません。従来の経済はモノの生産に主眼を置いていました。企業が目指したのは、企業の代名詞となるようなヒット商品の生産です。しかし、現代の経済は違います。イノベーションの経済やデジタル経済は、かつての製造業やいにしえの農業の経済と同じようには機能しません。これは非常に大きな変化です。私たちは「経済」の言葉の意味と、経済の機能について、概念を変えなければなりません。

激変した経済――一物一価の崩壊

安田　現代の経済と古い物質主義的経済の最も大きな違いはどこにあるのでしょ

う。

スティグリッツ　違いはたくさんあります。その一つは、イノベーション経済やデジタル経済ではコストの大半が先行投資されることです。例えば、電子書籍には印刷や流通のコストはなくなりますから、必要なのは中身を作ることだけです。

このような産業は、コストの集中度が高い産業として特徴づけられるため、強い市場支配力を持ちます。私たちはそうした企業の市場支配をより警戒すべきです。

一方で、こうしたテクノロジーの強みは、二酸化炭素排出量を増やさずに生活水準を上げられる点にあります。例えば、私たちは、交通手段を使って会議に出席しなくても、意見交換をすることができます。

安田　ご指摘は供給側の変化ですね。需要側の変化の一つに、マッチング・マーケットが挙げられるのではないかと思います。これまでの経済では、一般に、市場取引は匿名でなされていました。多くの場合、消費者はモノを購入する際に、誰が売り手であるのかに注意を向けません。また生産者や販売者も買い手が誰であるのかを気に留めません。両者にとって重要なのは、商品の価値と価格であるというのが、従来の多くの経済理論の捉え方でもあったと思います。しかし、今般のサービスでは、買い手は売り手が誰であるのか、売り手は買い手が誰かに注意を向けています。

スティグリッツ　そこには大きな問題があります。個人情報の問題です。現代的なテクノロジーは個々人に関する膨大な情報を集めています。データは新たな資源だと言われているほどです。データがあれば価格差別もできるし、ターゲット広告により消費者から搾り取ることができるからです。そこに不平等が生まれます。それは、これまでの市場経済の基盤を揺るがせます。

市場経済が機能してきたのは、一物一価の原則があったからです。しかし、今日では、飛行機に乗れば、隣に座っている人はチケットを私の半分の価格で買っているかもしれません。そんな事態が増えています。アメリカでは、消費者の居住地によって価格を変えている企業があります。消費者の住居の近くに店舗がどのくらいあるか調査して、近くに店舗のない消費者には価格を高く設定するのです。

このように、テクノロジーの発展には、プライバシーに関する問題や、消費者を搾取し新たな不平等を生んでいる問題など、負の側面があります。さらに、そうしたテクノロジーを武器に事業を展開する企業が独占企業となり、市場支配力を強めているという側面もあります。こうした問題は、根本的に新しいテクノロジーが引き起こしている問題です。

経済危機を予測できない「標準モデル」

安田　先ほど指摘された、経済的不平等が総需要に及ぼす影響は、直感的には理解できますが、いわゆる主流派のマクロ経済学者はその仮説、モデルを受け入れていないように思います。そこが、主流派の経済学の問題点だと思われますか。

スティグリッツ　そう考えます。多くの経済学の理論はあまりよい働きをしていませんね。２００８年の世界金融危機を予測できなかっただけでなく、当時、彼らは「ありえない。市場は理性的だ」と言っていたのです。経済学の主流は危機にあります。経済危機が経済学の主流に危機をもたらしたのです。今の若い学生たちは主流の経済学を学ぼうとはしません。学生は新しい経済学を研究しています。何かが間違った方向に進んでいると気付いたからです。

おかしなことはたくさんあります。例えば、経済学者が使う標準モデルや、「代表的個人」［「全ての消費者が同一の性質を持つ」と仮定することによって、ミクロレベルの行動とマクロレベルの変数の関係を単純化する際のモデル］です。主流派の経済学者は「（消費者は）全員同じだ」と言うわけですが、全員が同じなら、不平等や格差は生じず分配の問題は起こらないはずです。

安田　確かに、「代表的個人」モデルでは分配の問題は議論できませんね。

スティグリッツ　しかし、実際には、分配こそ私たちの社会の最も大きな課題の一つなのです。つまり、経済学の主流は、深刻な社会的問題に関して何の役にも立たないモデルを創り出したのです。彼らは「人間は合理的期待をしていて何が起きるかを分かっている」と主張していますが、間違いです。標準モデルは気候変動に対応できません。どのような気候変動が起きるか人間は分かっていません。つまり、彼らは環境に関する正しいモデルさえ持ち合わせていないのです。
　このように、経済学の主流はさまざまな意味で不完全で、政策提言や政府への助言をすることもできません。

新しい経済モデル

安田　経済学の主流が説明できない重要課題が多いのはご指摘の通りですが、それでも、「標準モデル」に取って代わるような、新しいタイプのモデルは提示されていません。この点で主流の新古典派経済学は強力に思えます。

スティグリッツ　それは適切な見方とは言えません。既に、多くのモデルが標準モデルに取って代わり始めています。

安田　そういう動きが既にあるのですか。

スティグリッツ　非常に大きな潮流です。主にミクロ経済学の話です。マクロ経済学は適応するのが遅いのです。ミクロ経済学には、不完全競争市場のゲーム理論があり、行動経済学［心理学と意思決定理論、経済学、社会学を融合させた経済学］もあります。一般の人々は経済学者ほど合理的ではないという証拠もたくさんあります。ダニエル・カーネマンやリチャード・セイラーの行動経済学の研究は、既にノーベル賞を受賞しています。世界銀行さえも行動開発経済学に関する世界に向け報告を発表しています。

「情報の非対称性理論」［情報の非対称性は、アメリカの理論経済学者ケネス・アローが１９６３年に最初に指摘した現象で、スティグリッツはその理論への貢献により２００１年にノーベル経済学賞を受賞した］もあります。この理論には私も一役買いましたが、情報の非対称性＝不完全性が存在する時、つまり、それは「いつでも」ということですが、市場は、新古典派あるいは新自由主義的なモデルとはまったく別の動きとなります。

ネットワークの相互依存に関しても研究は進んでいます。欧州中央銀行やイングランド銀行の研究があります。一つの機関の失敗が、他の機関の失敗を引き起こすメカニズムについての研究です。アメリカの中央銀行には未だに伝統的な経済学の影響が大きく、リーマン・ブラザーズという一つの銀行の失敗が、なぜ、世界中の金融システムを崩壊させたのか理解できていません。私たちは危機の前に、コロンビア大学やペンシルベニア大学で研究を行いその可能性を示していました。しかし、主流の経済学者たちは関心を示さず無視したのです。

今日では、新しいモデルは少なくともヨーロッパでは関心を持たれています。アメリカでも注目され始めています。経済学の世界は、若い研究者もベテランの研究者も、新しい経済学の有効性に気が付き始めている状況にあります。しかし、経済学の主流にいる、若い時に新古典派を叩き込まれた経済学者の一群は苦労しています。有効性を疑いながらも、新古典派の考え方を基に研究に没頭し、論文を書き続けてきたからです。それを捨て去ることに躊躇せざるを得ないのです。

安田　そうしたほとんどの研究者が、他の社会科学の分野の方々と比べても非常に保守的に思えます。

スティグリッツ　ですから、彼らは既に主流ではないのです。経済学の知見だけではなく、心理学や社会学の知見も加えて、市場を研究しなければなりません。市場は、旧来の経済学が示したようには機能しないことがあるのです。気候変動を心配する人間がいれば、市場は旧来のモデルのようには機能しません。

サービス業中心の経済へ
——日本の課題

ディレクター　最後に日本の課題について伺います。かつて世界第2位の経済大国を誇った日本ですが、今日の日本は果たして先進国と言えるのでしょうか。時間当たりの労働生産性は約50年間、先進７カ国中最下位の状況が続き、スイスのビジネススクールＩＭＤの「世界競争力ランキング」の２０１９年版では、ＯＥＣＤ加盟国中30位に甘んじています。アジアの中でも、中国はもちろん、台湾、マレーシア、タイ、韓国の後塵を拝しています。

　戦後の日本は多くの面でアメリカの背中を追いかけてきました。製造業ではアメリカや西欧諸国から技術を学び、それに新たな特徴や改良を加えることで、日本は発展してきました。それには良い面もマイナスの面もあったと思います。その結果が日本の今の姿です。

日本の文化や日本人の気質を踏まえた上で、これからの日本への提言をお聞かせください。

スティグリッツ　私は日本に関しては非常に楽観しています。日本の国際社会への貢献をみなさんは十分に理解できていないのかもしれません。例えば、日本の製造業はスケジュール通りに仕事が進みます。自動車業界の生産性は確実にアメリカより上のはずです。アメリカはオリジナルを発明したかもしれませんが、日本は本家のアメリカ以上に、良いものへと改良したのです。それが日本の一つの特長です。また、日本の漫画やアニメーションはアメリカ文化に大きな影響を与えていますし、食文化もアメリカ人に愛されています。

喫緊の課題を強いてあげるなら、製造業中心からサービス業中心の経済へ移行していくことです。無論、日本は今後も他の国々よりも製造業が大きな位置を占めるでしょう。日本には非常に優れた先端技術があるからです。

安田 そうだといいと思いますが……。

スティグリッツ 日本には先端技術があります。一方、例えばアメリカでは、製造業の雇用者数は全体の8〜9%に過ぎず、経済の基盤は製造業にはありません。雇用の大半はサービス業にあります。ですから、日本が生産性を上げるためには、高い生産性を誇る製造業のノウハウをサービス業に生かすことです。さまざまな面で製造業の知見とテクノロジーをサービス業に結びつけるのです。

一つ例を挙げましょう。日本が抱える大きな課題の一つは高齢化社会です。大勢の高齢者を養わなければなりません。が、健康産業は重要な成長分野ですし、現代の健康産業の主要分野の一つは診断ツールの開発です。その技術が日本にはあります。それが、有力産業となれば日本経済の力となりますし、健康産業は近未来に輸出産業になるでしょう。どの国にも高齢化社会は訪れるからです。先に高齢化した日本はこの競争の先頭を走っているのです。

安田　それが日本の強みというわけですね。

スティグリッツ　その通りです。技術力を生かして高齢化社会に役立つ診断ツールを開発できれば、それが輸出品にもなるのです。

日本はアメリカの「分断」を追ってはならない

スティグリッツ　アメリカの社会を振り返ってみて、私たちは40年間もアメリカ経済が機能していないことに気付きました。かつては非常に好調でした。第二次世界大戦後の世界はアメリカが支配していました。戦後四半世紀にわたり、多くのアメリカ市民にとって機能している共生社会がありました。しかし、１９８０年の選挙でロナルド・レーガンが政権の座に就いて以降、状況は悪い方向に一変しました。成長は停滞し、僅かな成長の恩恵のすべてが上位１％の富裕層に独占されました。

つまり、アメリカに倣った国々は間違いを犯したのです。広範な社会的価値よりも利益の最大化を追求する株主資本主義の重視は間違いだったのです。アメリカ型資本主義の多くのルールは社会全体に悪影響を及ぼすことが分かっています。

アメリカ企業もつい最近、間違いだったと認め始めました。ビジネス・ラウンドテーブル［アメリカの経済団体の一つ。１９７２年に設立され、アメリカの主要企業２００のトップが会員となっている］の会員企業の大半が、「ステークホルダー（利害関係者）資本主義」を採用することに最近合意しました。米国経済界は株主だけではなく、従業員や顧客・消費者、地域社会などすべての利害関係者に経済的利益をもたらす責任があるという合意です。これは１９７０年代と１９８０年代にミルトン・フリードマン［アメリカの経済学者。１９１２年生まれ。市場原理主義・金融資本主義等を主張し、物価や賃金の統制、農産物の買取保障価格制度、輸入関税等の政策に反対した。１９７６年にノーベル経済学賞受賞］が推進して、実際に法改正に至った考え方とは異なる考え方です。

私たちは、改革プロセスの途上にあります。進歩的資本主義、社会民主主義……、呼び名は何でもいいですが、確実なのはかつてのモデルは良いモデルではなく、改革が必要だということです。

私の心の師の一人は日本人の宇沢弘文先生です。アメリカで大成功した最初の日本人経済学者です。宇沢先生は当時から環境や社会インフラ、教育や医療など社会的共通資本の重要性を指摘していました。ほとんどの人が無関心だった頃から環境破壊を懸念し、自動車などの安全性に関しても警鐘を鳴らしていました。

現時点での日本の戦術的な課題は、サービス業の生産性を上げることだと思いますが、さらに重要なことは、社会的共通資本の重要性を認識し、かつての日本のような平等主義の社会を確実に取り戻し維持する方策を見つけることです。アメリカのように大きく分断された社会を作ってはなりません。宇沢先生がアメリカを去った理由の一つは、子供にアメリカのような環境で育ってほしくなかったからです。

安田　「ステークホルダー・資本主義」に言及されたのを伺い、「三方良し」という日本の近江商人の心得を思い出しました。「売り手良し、買い手良し、世間良し」で、生産者・販売者、消費者、社会のすべての利害関係者にとって利益のあるビジネスでなければならないということです。現代的な日本企業の大半が、アメリカに倣って株主資本主義を採用しようとしている今こそ、私たちは古い慣習に戻るべきなのか

On a Two-Sector Model of
Economic Growth
By
Hirofumi Uzawa

もしれません。

宇沢先生の「社会的共通資本」の概念は、最近トレンドになっている「サステイナブル（持続可能な社会）」といった概念に似ています。彼は時代の先を行き過ぎていたのかもしれませんね。

スティグリッツ　そうです。宇沢先生は確かに時代の先を行っていました。

（以上、２０１９年8月28日インタビュー）

【コロナ後　2020年4月3日インタビュー】

――ニューヨークはどのような状況ですか。深刻な状況なのでしょうか。

スティグリッツ　街は不安に包まれています。静まり返っていて、唯一、聞こえるのは救急車のサイレンの音です。しかし、毎晩7時になると、人々が窓を開け、医療従事者に声援を送っています。不安には包まれていますが、連帯感はあります。

ニューヨーク市民はこの生活に適応し始めています。コロナ以前のように、親しい人々との生活を共有し続けるために、ズームなどのツールを使ってリモート夕食やカクテルパーティを楽しんでいます。

市民の対応には強靭性を感じます。私も週2回のリモート講義を続けています。私の孫の学校も遠隔授業を続けています。子供たちは一緒に遊べませんが、学校は今まで通り続いています。驚くべき適応力です。

クオモ知事とデブラシオ市長は素晴らしい仕事をしています。しかし、最大の問題はトランプ大統領の無能です。市民の間では、コロナ禍は大統領の失政による人災だという感覚が広がっています。

未知の領域

――世界経済の同時かつ大幅な減速が懸念されます。今後の世界経済の見通しをお聞かせください。短期的予測と長期的予測を教えてください。

スティグリッツ　短期的に見て、今、経済を下降させているのはソーシャルディスタンスです。誰もが人との接触を嫌っていますから、買い物にもレストランにもイベントにも行けません。仕事にも行けない状況です。それにより、もちろん経済は停止してしまいました。

もし、パンデミックが25年前に起こっていたら、事態は遥かに悲惨なことになっていたはずです。ＩＴ機器と通信網を利用して、人々の多くが在宅勤務できることは科学技術の成果です。私も自宅に居ながら学生に教えることができます。

AUTOVIA
5AJ 4430

しかし、このような状況が長期間続くと問題は深刻化していきます。多くの人々が流動性の問題に直面し、家計や企業の経営は悪化します。そのため総需要が減少します。家計や企業の経営が悪化すれば消費は冷え込むからです。つまり、耳慣れないソーシャルディスタンスに発した問題は、耳慣れた流動性と総需要という難しい問題に姿を変えていくでしょう。供給側の問題も同時に発生します。

私たちは、未知の領域に進まざるを得ない状況にあります。ですから、相当の思慮深さが求められます。

――リーマンショック以上の危機だと言われていますが、どのような金融・財政政策や対策が実施されるべきだと思いますか?

スティグリッツ　アメリカについてお話しします。最も優先して行うべきことは、健康危機に対応するための施策です。つまり、病院を支援し、確実にマスクや人工呼吸器や医療機器を供給すること。健康危機に立ち向かう病院や全米の州や都市の地方政府の資金を確保することです。第一優先事項は、これらの健康危機への対応策です。

二番目の優先事項は貧困層への支援です。社会保障制度や貧困の状況により各国の対策は変わるでしょう。アメリカではもともと非常に多くの人々がギリギリの暮らしをしています。貯蓄が500ドル以下の人が多く、一度でも給料の支払いが滞ると、悲惨な状況に陥ってしまいます。ですから、そうした人々に迅速に給付金を届けることが必須なのです。

しかし、残念ながらトランプ政権はその役割を果たせていません。給付金は支給されるでしょうがスピードが足りません。当初、トランプは2週間で小切手を支給すると言っていましたが、実際には人々が申請書を受け取るのに既に2週間かかりました。課税台帳に名前が記載されている人々への支給に、さらに少なくとも3週間を要します。所得が低くて納税義務を免除され、課税台帳に登録のない人々への支給はさらに遅れ、9月になると言われています。それでは緊急支援ではありません。政府の失政です。

雇用保険維持も復興には重要な施策です。デンマークやイギリスはさまざまな対策を講じています。

第三の優先事項は、企業を倒産させないための施策です。倒産してしまえば、パンデミックが終息した時に、企業活動はできません。健康危機を脱した時に、経済を復興させるためには企業を倒産させてはいけません。

もちろん、企業救済には優先順位が伴います。予算は無限ではありません。ご存じの通り、アメリカの財政赤字は、今回の危機以前に既にＧＤＰ比６％に迫っていました。今、ＧＤＰ比15％の水準に迫っています。追加対策の必要性についてのコンセンサスは形成されています。つまり、アメリカは大きな財政赤字、つまり国の債務を抱えてこの危機を脱することになるのです。ですから、資金提供の優先順位は深く慎重に考えた上で決定すべきです。

２０１７年の税制改正で、アメリカの企業は大幅に減税されました。多くの大企業は減税によって得た余剰資金を自社株買いに費やし、僅か1年の間にその総額は１兆ドルに及びました。私たちは今、そのような企業を救済するよう求められているのです。

ですから、適切な優先順位を付けなければなりません。例えば、クルーズ船は環境には好ましくなく、経済に重要でないことは明らかです。この危機を、グリーン経済へと移行を助長する機会として活用すべきです。どのような企業や活動が、私たちの経済を強くするのかを考え、優先順位を決めるべきなのです。

グローバル経済〝依存〟からの自立

――グローバリゼーションが進んでいるはずの世界で、各国で感染状況に顕著な差が見られます。

スティグリッツ　毎朝、各国の感染状況を確認していますが、状況に大きな差があります。感染をうまく制御している国がある一方で、初期段階での制御に失敗した国があります。韓国はとても良い対応をした典型です。

一方、アメリカの感染者増加率は世界で最悪です。トランプ大統領が感染拡大当初、新型コロナウイルスをインフルエンザのようなものと過小評価したため、対策が致命的に遅れました。私は、多くの人々の命が犠牲になった責任はトランプ大統領にあると考えています。

各国の感染状況に顕著な差があることは、良い指導者が適切な政策を実施した国では、効果的な対応ができていることを示しています。そうした国々には、既にウイルスは制御できるという証拠があるはずです。ベトナムや韓国、シンガポールなどのアジアの多くの国々が、適切に対応したことは明白です。

もちろん、だからと言って、その国々が今後も安定してウイルスを制御できる保証はありません。私たちはグローバルな世界、グローバルな経済体制の下、緊密に統合された世界にいるからです。ウイルスは国境を簡単に通過してしまいます。

ですから、世界的な統合、世界的経済統合の別の一面を見直す必要があります。日本は輸出型の産業構造で成長してきました。他のアジア各国も同じです。しかし、世界経済が縮小し、特にアメリカ経済が落ち込んだ時、日本のような輸出依存型経済は損害を被らざるを得ません。そうした体質から脱却するため、グローバル経済の一員であることや、グローバル経済に依存している現状が再検討されることになるでしょう。多くの国々で、コロナ以前よりもっと自立しなければならないという考え方が浮上するということです。

国境の閉鎖が必要だというわけではありません。しかし、例えば、マスクを国内で製造しておらず輸入に頼っていたアメリカには、この危機に対応するのに必要な能力を備えていなかったという反省があります。

逆転の発想で変革のチャンスに
——再生可能エネルギーと格差解消

——各国の人々がコロナ後の経済復興に必死になっています。復興を望むのは当然として、私たちは、どこを目指すべきでしょうか。時代を俯瞰した時、私たちが守るべきシステムは何で、変えるべきシステムは何なのでしょう。

スティグリッツ　経済復興やその優先順位は、私たちの経済を古い経済から21世紀型の経済に変革するために利用できるチャンスになるかもしれないと思います。例えば、21世紀の経済は環境により配慮したものにならなければなりません。

パンデミック以前、私たちは既に気候変動の危機に直面していました。それはまさに「今そこにある危機」でした。アメリカでは自然災害によってＧＤＰの２％が失われていました。オーストラリアでは大規模な森林火災がありました。パンデミックからの経済復興の過程で、私たちは再生可能エネルギーの利用を拡大すべきです。復興を環境保全の機会とするのです。それが、私の考える優先順位の第1位です。

パンデミック以前から私たちが直面していたもう一つの危機は、格差と不平等の危機です。

世界の大半の国々が既に直面していたと言っても過言ではありません。富裕層と貧困層の格差は看過できない水準に広がっています。それは、アメリカやヨーロッパのいくつかの国が抱える政治問題と深く関係しています。私はそれを危機と見ています。裕福な家庭に生まれた人と貧困家庭に生まれた人の平均寿命の差は数年にも及びます。これは、私たちが信じる平等の価値観を著しく侵害する事態です。

パンデミック後に経済を再構築する際には、より公平でより平等な社会を作るための経済施策を実施しなければなりません。

――確かに新型コロナウイルスの影響で、格差や分断がさらに拡がることを懸念する声があります。経済安定のためにどのような経済政策が有効でしょう。あるいは、経済の不安定を招きかねない政策はどのようなものでしょう。平等のために何が必要ですか。

スティグリッツ　新型コロナウイルスの犠牲者が貧困層により多いことは明らかです。このウイルスは持病を持つ人や健康状態が悪い人を狙い撃ちしているように見えます。そして、アメリカでは貧しい人ほど持病があったり不健康であったりする可能性が高いのです。

トランプ大統領就任以降、平均寿命が短くなっていると言われています。新型コロナウイルスは、アメリカ人の余命に、これまでとは異なるレベルで、さらに深刻な影響を与えるでしょう。

ニューヨーク市のような大都市では、すべての人が医療にアクセスできる体制の構築に多大な努力をしています。すべての人が検査を受けられるようにしようとしているのです。もともと多くの人々が、エリートであるほど検査を受け易くなっているのではないかと公平性を疑っていました。トランプ政権の大きな失政の一つは検査不足です。それが、パンデミックを引き起こした理由の一つです。トランプ政権は感染症を管理する責任を負った政府機関CDC（アメリカ疾病予防管理センター）に十分な財源を与えませんでした。アメリカはパンデミックに備えていなかったのです。検査体制が不十分な状況では、富裕層ほど検査が受け易くなることは避けられません。

民主党の大統領選候補者の誰もが主張していますが、長期的に私たちがなすべきことは、医療へのアクセス権を基本的な人権とみなすことです。また、食品会社がその利益のために、人々の健康を害するような食品を販売することを止めさせなければなりません。アメリカでは、子供が好む高炭水化物食品の影響で、子供たちの間に糖尿病の流行が見られます。

健康を害するリスクの大きな食品の販売を禁止することと、医療アクセス権を基本的人権とみなして、すべての人々が医療にアクセスできる制度を確立するための行動が、今求められています。

利益を上げる手段だった
フェイクニュース

――ＧＡＦＡの市場独占が進んでいます。一方、人々の移動状況を把握するため、以

前にも増して多くの個人情報が蓄積されています。この状況をどう評価されていますか。

スティグリッツ　ＧＡＦＡの席巻が進んでいることには大いなる懸念を感じています。ＧＡＦＡの市場独占の弊害は経済領域に留まりません。プライバシーの侵害、個人情報の利己的利用、政治的操作や煽動、ヘイトスピーチの助長など、多くの弊害があります。何よりＧＡＦＡがそれらの弊害への対応を拒否していることが問題です。

ＧＡＦＡに関しては、今回のコロナ危機で、非常に興味深いことが起こりました。これまで、ＧＡＦＡは、例えばフェイクニュースの拡散などの弊害には、〝なす術がない〟と説明してきました。しかし、このパンデミックに際して、彼らは、例えば〝ワクチンは危険だ〟といった誤った情報を、削除しました。その危険性に気付いたからです。

逆に言えば、彼らは、今まで利益を上げるために、有効な対策があるにもかかわらず、フェイクニュースの拡散やプライバシーの侵害、政治的操作などを野放しにしてきたということです。すべては利益のためです。彼らはロシアや共和党の工作員からのフェイクニュースやヘイトスピーチの拡散を放置することで利益を上げてきました。このようなことはやめさせるべきです。

従って、ＧＡＦＡの規制に関しては、独占力を抑制するための施策だけでは不十分です。彼らが社会に与えている理不尽かつ甚大な損害を抑制しなければなりません。アメリカでも、また世界でもそのコンセンサスは形成されつつあります。それは良い知らせです。

多くの国々では、例えばヨーロッパ各国では対策が既に始まっています。そうした対策が功を奏すれば、その動きは世界的に広がり各国政府が適切な施策を講じることになると思います。

ＧＡＦＡなどが提供するプラットフォームは民主主義を蝕んでいます。反民主主義の勢力に利用されているのです。私たちは民主主義を守るために行動を起こさなければなりません。

言論の自由や報道の自由は、民主主義にとって非常に重要な権利です。しかし、ネット上にフェイクニュースを拡散する権利はありません。そのような権利は、どの国の憲法でも保障されていないはずなのです。フェイクニュースの拡散は社会に大きな損害を与えます。言論や報道の自由は保障されていても、混雑した劇場で、ありもしないのに「火事だ」と叫ぶ権利はありません。児童ポルノが禁じられているのと同じです。フェイクニュースの拡散は、以前にはなかった大きな問題です。私たちは新しいルールを作らなければなりません。

効率性と回復力のバランスの時代へ

――最後に、経済の回復力（レジリエンス）について、また複雑性の効用についても伺います。今回のパンデミックは、各国の産業や経済の回復力の試金石となっているように見えます。ハーバード大学の研究によれば、日本は世界で最も貿易の複雑性を有しており、それが日本の力の源泉にもなっていると指摘しています。

ポストコロナの時代にあって、複雑性は経済の回復にも有効に働くのでしょうか。日本の役割はどこにあるのでしょうか。

スティグリッツ　経済の回復力は非常に重要です。パンデミック後の世界ではそれが如実に示されます。

市場自体は回復力を正当に評価しません。20世紀後半から21世紀初頭の経済を特徴づける新自由主義は近視眼的でした。２００８年に私たちはそれを明確に目の当たりにしました。銀行は短期利益を最大化するために、弾力性がなく回復力に乏しい金融システムを構築してしまっていたのです。

短期的な利益を追求し、回復力や弾力性を犠牲にするとどのようなことが起きるか、具体的な事例で考えてみましょう。

アメリカでは、多くの自動車はスペアタイヤを積んでいません。そのため、車両価格は幾分安価になりました。タイヤがパンクしない限り、問題はありません。しかし、パンクした時にはスペアタイヤは必要なのです。国土が広大なアメリカでは特にそうです。スペアタイヤの不搭載は、短期的な利益をもたらしますが回復力を犠牲にします。３００キロ先にしかガソリンスタンドがないような場所でパンクしてしまうと、なす術がありません。

新型コロナウイルスでは医療崩壊が深刻な問題となりました。パンデミックの前、アメリカの病院は空の病床がないことを誇りとしていました。不使用の人工呼吸器が

ないことも、病院の評価に繋がっていました。大規模災害や感染症の流行がない限り、問題はありません。その「効率性」によって病院経営は安定し、医療費や保険料は安くて済みます。しかし、一度、パンデミックに見舞われると、この通りです。リスクから目を逸らし短期的な利益を追求したために、回復力や弾力性を失ってしまったのです。

アメリカはリスクに対応する機関を社会として作ってきたはずでした。医療品の国家的な備蓄もあるはずでした。しかし、短期的利益を優先する典型的な政権であるトランプ政権は、その備蓄を使い果たしていました。例えば、人工呼吸器の会社との契約が満期を迎えると、契約を失効させ人工呼吸器の備蓄を維持しませんでした。マスクも防護服も使い果たしてしまっていました。そして、回復力のない社会を作り出してしまったのです。

同じことは、世界的サプライチェーンにも言えます。日本がとても重要な役割を果たしてきた分野です。利益を最大化するため世界中で最も安く製品や部品を製造できる場所を探し出し、効率を追求して複雑で相互依存的なサプライチェーンを作り出しました。しかし、そのような単線的なサプライチェーンの下では、どこか一カ所で回復不能の問題が発生し供給が遮断されるとすべてが崩壊してしまいます。回復力を失ってしまっているからです。

日本ならではのイノベーションにジャスト・イン・タイム（生産過程で各工程に必要な部品を必要な時に必要な量だけ供給することにより在庫を徹底的に減らし生産効率を上げる技術体系。トヨタ自動車が導入した）があります。この生産システムは生産工程のあらゆる非効率を炙り出し修正することで、生産効率を高めました。このシステムは通常は良く機能します。しかし、回復力はありません。どこかで大規模な供給の遮断が起こると、部品の在庫がないためにすべての生産工程が崩壊してしまいます。

私たちは、今回のパンデミックを教訓とし、経済の回復力や弾力性の重要性を見直すべきです。この点において、日本は先導的役割を果たすことができると思います。

日本には技術力があり、ものごとを組織的に考える力があるからです。

新自由主義は近視眼的で効率性と回復力のバランスが不適切でした。日本の産業界は、効率性と回復力を両立させる新たなサプライチェーンを構築することができると、私は確信しています。パンデミック後の世界で、新たに再構築される経済の中で、日本は極めて重要な役割を果たしてくれると考えています。

【2020年5月29日インタビュー】

——最初に、簡単に近況報告をお願いします。ニューヨークの状況はいかがでしょうか。

スティグリッツ　ニューヨークではパンデミックは何とか収束しつつあります。未だに、毎日大量の感染者と死者が報告されていますが、ピーク時に比べると非常に少なくなりました。街は開放され始めています。

始まった新たな規範への模索

人々は互いに敬意を失ってはいませんが、国全体としては思想的、政治的な争いが激化しています。誰かに何かを許すことが他の誰かの権利を阻害し、誰かの権利が誰かの生きる権利の妨げとなるといった論争が続いています。

感染の蔓延を助長するような行動は、社会に災いをもたらします。私たちは行き過ぎた自由主義の誤りを修正する新たな規範を持ち始めているのです。自由至上主義者は、誰もが何をしてもよい自由があると主張しますが、ある人の自由は別の人の不自由となることがあります。誰かにウイルスを蔓延させる権利を認めれば、他の人の生きる権利を奪うことになります。社会はそれらの権利のバランスを調整しなければなりません。

この問題には環境汚染の問題と類似性があります。誰かに地球を汚染し破壊する権利を認めると、他の人々から地球に住み続ける権利を奪うことになるのです。パンデミック下での行動の自由、あるいは規制の問題は、私たちがこれまで何度も繰り返してきた環境保全についての対立と同じ構造です。文明世界の幅広いコンセンサスでは、持続可能な世界のためには規制が必要です。

私たちは互いを尊重しなければなりません。しかし、残念ながら、アメリカの多くの人々には、共存についての理解が不足しているように思えます。特に、現政権の上層部に顕著です。

経済の減速が反映されない株価上昇

――不思議なことに、株式市場では株価が上昇しています。パンデミックバブルのようにさえ見えます。しかし、失業率は上昇していて消費行動は不透明です。明らかに実体経済は減速しています。市場は正常に機能しているのでしょうか。

スティグリッツ　市場は経済を正確に反映したものではありません。例えば、低賃金は大半の労働者にとって不利益ですが、企業の利益は高くなります。企業の収益が高ければ株式市場は好調です。ですから、株価の上昇の陰で社会のほとんどの人が苦しみ、富裕層が大儲けしている可能性があります。

株価の上昇は別の観点からも説明できます。経済が失速するとＦＲＢは金利を下げます。結果、債券市場の魅力が低下し資金が株式市場に移動するため、株価が上昇するのです。つまり、株式市場が好況なのは経済が悪化しているからです。２００８年以降に量的緩和を行った際、債券市場の金利は非常に低くなりましたが、株式市場は

そのお蔭で活況を呈しました。

今回の株価上昇にはもう一つの理由があります。政府は人々に給付金を交付し市場に流動資産（現金や小切手）を注ぎ込んでいます。しかし、その流動資産は消費に使われていません。人々は買い物を控えレストランにも行かず飛行機にも乗りません。人々は状況がさらに悪化した場合に備え給付金を貯蓄しているのです。そのため、銀行のバランスシートは改善しています。しかし、銀行に貯金してもほとんどリターンはありません。私なら銀行ではなく株式市場に投資をします。そのため株式市場が好調なのです。

株式市場に投資した人は賢い選択をしたと思っているでしょうが、株価は下落に転じる可能性もありますから、その時には後悔することになります。

今起こっている株価上昇は、政府から市場への流動資金注入の結果です。しかし、現実には経済は弱っています。アメリカでは４０００万人が職を失っています。４人に１人です。低所得世帯の40％では、世帯の誰かが職を失っています。大惨事です。このような状況で株式市場が好況であることは、市場が現実経済を反映していないことを示しています。株価の上昇は、アメリカ人の大半が苦しんでいる時にごく一部の富裕層が大儲けしているかもしれないことを示しているのです。

危機を前進の機会とせよ

――90年前、ケインズは「雇用を創出せよ」と言いました。パンデミックの今日、どのような産業やサービスの創出が求められますか。

スティグリッツ　そうですね、基本的な課題はグリーン・トランジション（環境保護主義への移行）です。再生可能エネルギーへの移行が必要です。化石燃料依存から脱却するために、多くの投資をしなければなりません。

私は今回の危機を「前進」の機会だと捉えています。今後20年間、雇用が不足することはありません。私たちは経済を変革しようとしているからです。もちろん、雇用の創出だけでなく、その分多くの雇用の喪失もあるでしょう。航空業界は打撃を受けています。音楽や演劇、イベント関連の業種もパンデミックが完全に終息するまでは厳しい状況に置かれます。

一方で、オンライン医療や遠隔会議などの分野は成長していくはずです。人々がそれぞれの役割を果たせば、人工知能やパンデミックの影響で失われる仕事よりも、多くの雇用を生み出すことができるでしょう。それでも不充分な場合は、政府の役割が求められます。

――新たな雇用の創出や政策で、格差や不平等の問題を改善できると思われますか。

スティグリッツ　助けとはなるはずです。が、それだけでは不十分です。今後、成長していくのは教育や高齢者ケアなど、既に日本ではかなり成熟した産業です。アメリカでは、これらの産業は、今のところ政府の助成に依存しています。つまり、これらの産業のサービスの対価や従事者の賃金は、市場の価値観ではなく社会の価値観で決定されているのです。市場は子供の教育や高齢者介護の仕事の価値をまだ正当に評価できていません。社会として欠くことのできないこれらの仕事に従事する人たちには、適切な賃金が支払われるべきです。

例えば、介護職の賃金は不当に低水準に抑えられています。それは女性差別と無関係ではありません。介護職の多くは女性が担っています。過去に女性が差別され、女性の賃金が不当に低く抑えられてきた負の遺産を悪用して、介護職の賃金は低水準に抑えられているのです。介護職が低賃金であり続ける理由はありません。その仕事の価値は正当に評価されるべきです。

政府の役割の重要性を再認識する時

スティグリッツ　今回のパンデミックにより、人々は活発で強力な政府の必要性を実感したと思います。私たちの社会はこの40年間、政府の役割と科学の役割を軽視してきました。それは新自由主義的な政府の方針でした。アメリカではレーガン以降、イギリスではサッチャー以降、政府の役割を否定してきました。そして、新自由主義が作り上げたその小さな政府はパンデミックに効果的な対応ができなかったのです。

災害や危機に際しては、政府の役割が重要です。私たちは個人としては何もできません。アメリカは２００１年に同時多発テロに見舞われ、２００８年には世界中で金融危機が起こりました。それ以前もそれ以降も危機は数年ごとに繰り返されています。

今回の新型コロナウイルス危機以前に、パンデミックの脅威を理解している人はいました。いたのです。オバマ政権は国家安全保障会議の中に感染症対策オフィスを設立しました。感染症が核戦争に匹敵するほど社会の脅威であることを理解していたからです。

しかし、トランプ大統領はそのオフィスを２０１８年に突如閉鎖してしまいました。また、ＣＤＣでは多くの科学者がパンデミックへの対処を研究していたのですが、トランプ大統領はその資金も凍結してしまっていたのです。研究の手足となる資金が奪われてしまっていたのです。

その結果は、みなさんがご存知の通りです。アメリカは現在、感染者数、死亡者数とも世界で第1位、失業率も世界恐慌以降で最悪の水準となっています。トランプ大統領の下、政府の役割を縮小する計画が既に実行されていたことが、この結果を招いたのです。

回復力あるサプライチェーンの再構築

――最後に、世界経済と国際政治について伺います。新型コロナウイルス危機以降、EUの協力体制の限界や、米中の緊張の深化といった問題が顕在化しています。この2カ月間の総括と今後の展望についてご所見をお聞かせください。

スティグリッツ　コロナ危機でグローバリゼーションの問題点が浮き彫りになった一方で、その重要性も再認識されました。

まず、明確になった重要性から考えてみましょう。今回のパンデミックは世界的危機でした。世界のすべての人々が脅威に晒され、世界の津々浦々で感染が終息しない限り、世界は新型コロナウイルスから解放されることはありません。

ウイルスだけではなく、パンデミックを契機とした経済危機も世界中に広がりました。世界のあらゆる場所で経済が回復しない限り、世界経済が力強く回復することはありません。

　つまり、世界中が感染危機と経済危機に晒されているのです。このような状況では、グローバルな協力が重要です。これまでになく、国際協力の必要性が高まっているのです。また、気候変動と戦うためにも世界的な協力は必要です。コロナ危機と気候変動危機はいずれも世界的な現象であり、グローバルな協力体制なしでは対処できません。

　グローバルな協力体制はこれまでもある程度の機能を果たしてきましたが、完璧ではありませんでした。人間の作った制度に完璧はないのです。しかし、それでも私は一定の評価をしたいと思います。もし、世界保健機関（ＷＨＯ）がなかったら、コロナ危機はより悲惨な状況を招いていたに違いありません。ＷＨＯはパンデミックの危険性を繰り返し警告してきました。が、トランプ政権はその警告を無視し続けてきました。結果は既に申し上げた通りです。

　ＷＨＯは医薬品やワクチンの開発の努力を促し、その成果を世界中で平等に共有することに役割を果たしています。自分や自国民だけが助かればいい、他の人や他の国々の人々は死んでもいいと考える利己主義や自国中心主義より、倫理的に遥かに高い視点で判断を行います。国際機関は完璧でないのは事実ですが、だからと言って不要と見做し弱体化させるのではなく、さらに強化していく必要があるのです。

一方で、パンデミックは、グローバル・サプライチェーンの脆弱性を露顕させました。私たちの経済の弱さを露呈させたのです。文字通り、衝撃的でした。グローバルな資本主義システムでは必要なマスクや防護服、感染検査キットでさえ供給できなかったのです。

今、私たちが見ているのは、資本主義システムの根本的な弱点で、政府の規制なしでは、資本主義システムには回復力が生まれないということです。市場の限界が示されたのです。このような脆弱なサプライチェーンは再考しなければなりません。

イギリスがＥＵ離脱を選択し、アメリカでトランプが大統領選に当選した２０１６年以降の世界では、人々は国境の重要性を再認識するようになりました。政治の基本単位は国民国家です。必然的に各国政府は内向きの政策に向かっています。そのためには、各国は国内に供給体制を確保しておかなくてはなりません。国外にアウトソーシングしていた生産工程をインソーシングするということです。サプライチェーンは、現在のグローバルなサプライチェーンから、一国完結型の、より回復力のあるサプライチェーンに再構築されることになると思います。

しかし、サプライチェーンのインソース化が進んだとしても、先進国の労働者、とくにアメリカの中西部や南西部の工業労働者に仕事が戻って来るわけではありません。アメリカに工場が戻って来たとしても、そこで働くのはロボットです。かつて工場で働いていた失業者は新しいスキルを身に付け、別の場所で働かなければならないことに変わりはありません。サプライチェーンを再構築したとしても、労働力の脱工業化という課題は残されます。

価値観の相違を越えて協力体制を学ぶ時

スティグリッツ　パンデミックは残念なことに米中間の緊張を高めました。「新冷戦」と呼ばれるような事態に及んでいます。コロナ以前から米中の経済摩擦はヒートアップしていました。トランプ政権の保護主義が最も大きな原因です。トランプの経済政策の基礎となっている古い時代の保護主義の経済理論には致命的な欠陥があり、大半のエコノミストの支持は得られていません。

冷戦終結後、世界の多くの人々が自由民主主義と市場経済に向かうという希望を抱いていました。フランシス・フクヤマ［日系三世のアメリカ人政治学者。1952年生まれ］は冷戦終結前後に「歴史の終わり」と題する論文を発表し、冷戦の終結で自由民主主義が最終的な勝利を収めることで社会制度の発展は終わると予測しました。

しかし、それは幻想でした。米中の緊張を目の当たりにして、私たちはそれを認識したのです。中国が今後一層独裁主義を強めていくことは明らかです。世界はフクヤマが予測したような姿にはなりませんでした。中国とアメリカや他の民主主義国家とは価値観がまったく違います。民主主義国家では人権が非常に重視されますが、中国ではそうではありません。

しかし、私たちは同じ惑星に住んでいます。ですから、価値観は違っても協力する方法を学ばなければなりません。気候変動の問題を解決するために、また、パンデミックを終息させるためにも協力しなければなりません。意見や価値観が異なっているからといって、協力が不可能であるわけではありません。それが、将来の課題です。

おわりに
真の「強者」への内省と価値判断

NHKエンタープライズ　番組開発
エグゼクティブ・プロデューサー　**丸山俊一**

「生命と経済のトレード・オフ」を越えて

「ウィズ・コロナの時代」「新しい日常」……。不透明な状況の長期化が避けられない中、日々メディアでは、「感染拡大をいかに防ぎながら経済を回していくか」という議題が定番となった。そして、その議論において登場した図式が、「生命と経済のトレード・オフ」というものだった。あちらを立てればこちらが立たずという、社会における壮大な二律背反。なるほど確かに、明快な一つの問題の整理の仕方ではある。「生命か？　経済か？」というわけだ。

だが、このジレンマの図解、そのベースにある思考法にも冷静に着目し、再考してみる必要があるように思われる。ここには科学的な解析の常道であるとはいえ、人間の生命を数量化し、数字に置き換える思考が背後に横たわっている。「感染」という事象も発病者の数に、「経済」という事象も金銭の流通量という数に還元される。すべては、数字として抽象化され、グラフに描かれる曲線の中に回収されていく。「生命か？　経済か？」という問いかけは、「経済か？　経済か？」という、どこか同語反復を思わせる問いを孕んでいるのだ。そして、独り歩きする……。

もちろん、常に抽象化、数量化による科学的な解析は重要だ。それは、事態のある側面を切り取る、一つの真実である。しかし「一つの」であることもまた認識し続けなければ、そこには新たな陥穽が待っている。世に言われる「近代経済学」がベースとなる「経済的思考」は、時に数学的なモデルで合理的な解を探すことに必死になるあまりに、いつも「仮に措定しただけ」という前提をそのまま置き去りにして、「きれいな答え」が出ることばかりに夢中になる人々を増やす傾向がある。さらに言えば、数字の背後にある、切実な、かつ多様な人間の固有性、心、精神、価値観、人生観などへの想像力がおざなりとされることも残念ながら珍しくないように思えるのだ。

そのことに敏感で、そうした「近代科学」的な思考法の限界に自覚的であり、乗り越える発想を異なる角度から探究し続けるのが、スティグリッツでありファーガソンだと言えるだろう。片や理論、片や歴史への考察を主軸とするわけだが、現代社会という大きな山脈を踏破しようとする道は異なれども、その山頂からの風景には、二人とも共有するものがある。

「間違っていた」？　アダム・スミスとの共通性――スティグリッツ

> 市場経済の失敗が、今、民主主義の脅威となっているのです。（本書１１１ページ）

ここ数年のスティグリッツの最大の懸念は、この言葉に端的に集約されている。資本主義は、民主主義を実現するためのツールである。その見解は、揺らぐことのない彼の信念だ。

> 資本主義はその民主主義制度の一部であるべきで、資本主義の目指す利潤は、「権力を分かち合う」という民主主義の目的を達成するための手段であって、目的ではありません。（本書１１４ページ）

ジョージ・アカロフらとともに「情報経済学」という新分野を切り開くことになったスティグリッツの関心は、「貧困層がどうすれば豊かになれるのか」に向けられている。ともすれば伝統的な経済学が「自由市場」の効能を擁護、時に万能化しやすいのに対して、大いなる疑問を提示する。それが、自身のノーベル賞受賞の功績ともなった「情報の非対称性＝不完全性」についての理論だ。「完全情報」を持つ買い手など、市場にはいない。巨大な工業都市であるインディアナ州ゲーリーで、貧困、差別、失業などに直面する労働者たちの姿を見聞きして育ったスティグリッツにとって、歪な市場の姿はある意味、皮膚感覚に刷り込まれた「常識」だったのかもしれない。

アダム・スミスは間違っていた。

実際、「欲望の資本主義」初回に残された彼のこの言葉は意味深い。「見えざる手」は存在しても、機能しないのだから、と、スティグリッツは続ける。スミスを「市場がすべて」という「市場の絶対的な擁護者」として祭り上げることは否定されねばならない。そして事実、既に少なからぬ読者の方々がご存知のように、スミスの「真意」ももっと別のところにあったと言ってよいだろう。そもそもスミスが著した『国富論』は、当時ヨーロッパを支配していた重商主義、その特権性を排除するという明確な目的意識のために市場の役割の重要性を説いたものだからだ。

「市場万能」論が溢れる現代、スティグリッツはこう主張する。

> 経済的不平等が経済全体に与える深刻な影響の一つは、総需要や投資が減ることです。貧困層は手にしたおカネのほとんどすべてを消費に使いますが、富裕層は資産や収入の一部しか消費には使いません。ですから、不平等を作り富を

富裕層に集中させると総需要が減り、そのため投資も減ってしまうのです。
（本書134ページ）

そこにあるのは、社会全体を見渡し、あらゆる人々にフェア・プレイの精神を期待し、社会の健全なる秩序を願う、強い意志。こうしてスティグリッツもまた、「経済学の父」アダム・スミスの姿に重なって見えてくるのだ。

絡まり合う欲望のネットワークの先に……第三次世界大戦を回避せよ――ファーガソン

「近代」文明が可能にした驚異的な技術の発展、その粋たるインターネットがもたらしたのは、皮肉なことに「中世」のような、ある種の無法地帯ぶりであり、人々のさまざまな劣悪な感情をも呼び起こす社会だった。もちろん、これも「ダークサイド」のみを捉えた寸評であり、もたらされた恩恵も数多くある。しかし、ファーガソンのこの素朴な言葉の意味するところは、今一度噛みしめねばならない。

ネットワークは良いものも悪いものも伝えるのです。（本書62ページ）

ともすれば、私たちは「良いもの」ばかりを見ようとし都合の良い解釈をして、大局の判断を見誤る。「グローバル経済　回復力の攻防戦」番組内でもゴールドマン・サックスの金利トレーディング統括たる居松秀浩氏が口にした「経路依存性」が既にしてそこにある。過去に選択した決断などによって自らの認識を曇らせてしまい、合理的な判断ができなくなる、人間の性《さが》。そのバイアスを自覚して、「悪いもの」とも向き合うことができなければ、適切な判断も、大局を見た考え方も持つことができない。

実際、ネットワークの便利な効率性に魅せられた私たちが形成する社会集団は、インテリジェンス・シティという名の一極集中型の高密度の都市機能の拡充へとひたすら走った。

実はネットワークで「分散」できる可能性があったにもかかわらず、各国、各地域、あるいは会社組織まで含めても良いかもしれないが、多くの集団が、「集中」へと走ったゆえの脆弱性は、コロナショックが明らかにした結果だ。高度成長期、高速交通網が整備されていく過程で、ヒト・モノ・カネがより求心力のある大都市に吸い取られる現象が「ストロー効果」と呼ばれ問題となったが、現代の新たなツールたるはずのインターネットのネットワークもかつての産業社会の構図で解釈されてしまうことで、同じ問題を生んでしまったのかもしれない。ネットワークの「ストロー効果」も、「経路依存性」の誤謬と無縁ではなさそうだ。

近年、このネットワークと、伝統的なタワーという二つのモデルを組み合わせ、複眼で歴史を俯瞰することで今、これからを読み解く視座を与えてくれるのが、ファーガソンだ。彼のさまざまな洞察は、人々、社会集団が生み出すさまざまなトリックに満ちた逆説を提示してくれる。人はタワーに魅せられ、「上昇」を目指す。しかしそこには顕然／隠然たるさまざまな水平のネットワークが絡まっており、垂直的な構造だけでは理解できないことだらけだ。この垂直と水平の盛衰がさまざまな歴史のドラマを生んできたというわけだが、現代のテクノロジーによるネットワーク優位の社会にあっては、様相はいよいよ複雑さを増している。

実際、ファーガソン自身、「歴史家」という肩書きのみに閉じ込めるのはあまりに無理があり、さまざまなネットワークの中にあるユニークな人物だ。スコットランド出身で、イギリス、アメリカの数多くの名門大学で教壇に立ち、若き日にはフリーのジャーナリストとして、また放送業界で制作会社を作った経験もあるらしい。自身、

「タワー型の階層性に縁があるとは思えずネットワーク型がしっくりくる」とし、政財界を観察しながら「金持ちであるより自由であり続けることを大事にしたい」とも語る彼の真骨頂は、飄々たるフットワークの中にある。その軽やかなスタンスが、ドロドロした「欲望」が織りなす錯綜する事態の中にあってもフラットなものの見方を可能とさせ、「王様は裸だ」と言える観察眼のベースとなっているのだろう。

コロナ危機の最中のファーガソンの冷静な言葉だ。

> 自らシャットダウンした経済を刺激することはできないのです。（本書66ページ）

この「自ら」というところに厄介さがある。ウイルスという偏在化する脅威の前に、「自ら」萎縮する人々。あっという間に萎む消費の「欲望」と、将来への不安が膨張させる「貨幣愛」という「欲望」。

そして恐れる最悪のシナリオは、第三次世界大戦だとまで、この冷静な男が言わざるを得ない今。悪夢を繰り返さない為に、人類の叡智が問われている。そこでカギを握るのは、最終的には人の心理であり、生きる信条、価値観の問題となるだろう。

真の「強者」とは？　ソクラテスからケインズへ

二人の知性の思想、見解を俯瞰で見た時、人間の集団が織りなす逆説に満ちた行動、そしてその展開についてあらためて考えざるを得ない。あるものの見方の「明解」なる単純化は独り歩きし、事態を悪化させる。「わかりやすさ」ゆえの「伝わりやすさ」が結果、ポピュリズム、ファシズムまで至る現象を、人類は、何度となく経験してきた。

「モデル」通りにはならない現実。そこでは、立ち止まり続けることの方が難しい。「自ら」の「欲望」と向き合うべきは、実はこうした時のためにこそあった思考だ。「無知の知」（ソクラテス）まで引き合いに出すまでもなく、せめて、動物的な「欲求」を、さまざまな文化的なコードが大きな影響を与えて形成された「欲望」がヴェールとなって包み込んでいる人間という存在の精神構造を自覚すること。「欲望」の内実を感知すべく、自らと対話する内省の必要性……。真面目な道徳の先生のお説教かと冷笑したくなる向きもあるかもしれないが、残念ながらあらためて、人間の心というものが抱える不安定さ、移ろいやすさ、意外なほどの脆さ、そして何より、この危うい性質が、「合理性」とは真逆の方向へと走らせる恐ろしさも直視し、そうした状況への想像力も持っておかなくてはならない。

ちなみに哲学の祖ソクラテスは、真の「強者」を自らの欲望をコントロールできる者と語っている。そしてそれは一見、「弱者」のようないでたちをしているとも。二〇〇〇年以上の昔から、最強にして最後の敵は自分と、言われながら克服できない私たち人類。そのことに嘆息しながらも、あらためて意を砕くしかない。

> 経済学は本質的にモラル・サイエンスの一つであり自然科学の一つではありません。すなわち経済学は内省と価値判断とを駆使するのです。……経済学は動機、期待、そして心理学的不確実性を取り扱うと付け加えておけばよかったでしょう。
>
> （ジョン・メイナード・ケインズ『一般理論とその後　第II部　弁護と発展（ケインズ全集第14巻）』清水啓典・柿原和夫・細谷圭訳、東洋経済新報社）

番組内で紹介した、ケインズの言葉だ。弱さを抱えた人間という種が、社会集団を形成する時に増幅する、不安、葛藤、憎悪、そして時に狂気へと向かいかねない破壊的衝動。そうした一連の脆弱なる心の動きに目を背けることなく感知し、人々の「信頼の回復」を成就することが政策にも求められること、そして翻ってこの社会を構成する一個人として、内省し自らと対話するしなやかな強さのために、立ち止まる勇気を持ち続けたいと願う。

欲望が駆け巡る「市場」なき（?）資本主義の行方

本書の成立にあたっては、「欲望」シリーズ初回からの大阪大学准教授の安田洋祐さん、いつものように高橋才也さん、大西隼さん、小寺寛志さん、岡崎光曜さん、桒原拓真さん、真治史さん、中村美奈子さんという制作スタッフたち、さらに東洋経済新報社の矢作知子さん、笠間勝久さんに大変お世話になった。またファーガソンの取材は、ニューヨーク在住のジャーナリスト渡邊裕子さんの尽力のおかげである。

　かかわってくださった、すべてのみなさんに感謝したい。

理論家と歴史家の言葉をあらためて整理しながら、ずっと一人の経済ジャーナリストの言葉が脳裏をよぎっていた。今回の番組内でも、ケインズのような柔軟にして本質を見抜く目を持つ経済学者の不在を嘆いていたウルリケ・ヘルマンだ。かつて彼女は、我々の取材に際し、「市場経済など存在しません、あるのは資本主義のみです」と明言していた。実に簡潔明瞭な、現代経済の本質を切り取った言葉と聞こえるが、理論家・スティグリッツの情報の不完全性の話と歴史家・ファーガソンのネットワーク論を踏まえた上で聞くと、さらに説得力が増すのではないだろうか？

　コロナという自然の世界から、ある意味、強烈なメッセージを突き付けられた、人工的な世界に生きる私たち。だが、フェアな「市場」に賭けるのでもなければ、新たな社会のあり方、スタイルを摸索しようとするのでもなく、出来上がった「欲望」の再生産回路へと「戻る」ことばかりを目指す動きが目立つように思われる。本源的な不均衡を抱えるシステムを注視し、新たなバランスを構想する覚悟が切実に問われている。

　錯綜する資本主義への探究は終わらない。

欲望の資本主義2020

～日本・不確実性への挑戦～

2020年1月3日 NHK BS1 OA

スタッフ一覧

語り
やくしまるえつこ
声の出演
うすいたかやす
テーマ曲
三宅純 “Lillies of the valley”

撮影
山田尚弥　森山弘喜
音声
藤村宗信
映像技術
濱野一彦
CG制作
森下征治
音響効果
佐藤新之介

リサーチャー
中村美奈子
取材
岡崎光曜　北條薫

ディレクター
大西隼
プロデューサー
高橋才也
制作統括
藤田英世　丸山俊一

制作協力
テレビマンユニオン
制作
NHKエンタープライズ
制作・著作
NHK

番組概要

激変の時代、今何が？　地殻変動の本質は？　どこから歯車が狂ったか……？

格差拡大、米中の経済戦争、切迫する環境問題、不確実性が増す世界。吹き荒れるマネーの嵐の中、日本経済はどこへ向かうのか？

「異次元の金融緩和」の成果が問われMMTなど新たな理論による論争も起きている。スティグリッツ、アタリほか世界の知性、日本経済の最前線で挑戦する人々の言葉から現在の不透明な状況を解剖する。

私たちは今どこへ向かう？

シリーズ　コロナ危機

グローバル経済　複雑性への挑戦

2020年4月18日 NHK BS1 OA

スタッフ一覧

語り
石橋亜紗アナウンサー

撮影
脇屋弘太郎

音声
川口和也

映像技術
正岡卓哉

音響効果
水戸部謙介

コーディネーター
久山華子

編集
桒原拓真

リサーチャー
今野英一郎

取材
大西隼　真治史

ディレクター
小寺寛志

プロデューサー
高橋才也

制作統括
藤田英世　丸山俊一

制作協力
テレビマンユニオン

制作
NHKエンタープライズ

制作・著作
NHK

番組概要

世界経済にも激震が走り、リーマンショック以上、第二次世界大戦以来の危機とも言われる今、グローバル経済に何が起きているのか？

人の動きが停滞、経済活動も抑制、株価は急激な下落後、予断を許さない状況が続く。以前から「不確実性」「複雑性」の時代の到来、資本主義の抱える本源的な不安定性に警鐘を鳴らしてきた「欲望」シリーズ、その出演者たちが今を分析、これからを展望する。

時代の枠組み、価値観を転倒させる変化はあるか？

シリーズ　コロナ危機

グローバル経済　回復力の攻防戦

2020年7月5日 NHK BS1 OA

スタッフ一覧

語り
石橋亜紗アナウンサー
声の出演
三宅貴大

資料提供
米国立公文書館　ロイター

撮影
脇屋弘太郎
音声
渡辺盛男
映像技術
庄司格
音響効果
水戸部謙介

コーディネーター
太田真理エリザ
編集
堀内慧悟
リサーチャー
今野英一郎
取材
大西隼　真治史

ディレクター
小寺寛志
プロデューサー
高橋才也
制作統括
藤田英世　丸山俊一

制作協力
テレビマンユニオン
制作
NHKエンタープライズ
制作・著作
NHK

番組概要

経済再開に動き出す各国は今試練の時を迎えている。米中が「冷戦」化、EUも脆弱性を露呈、欧州各国は独自の道を摸索する。そんな中、日本は？

株式市場と実体経済がかい離し不透明な先行きの中、長期戦となる変化の時代の動きを注視。

ノーベル賞受賞のデュフロ、スティグリッツ、気鋭の歴史学者ファーガソン、異色の経済ジャーナリスト、ヘルマンらも加わり人々の動きから問題の本質を探り新たな経済秩序を考える。

回復力は生まれるか。

【著者紹介】
丸山俊一（まるやま　しゅんいち）
NHKエンタープライズ 番組開発 エグゼクティブ・プロデューサー
1962年長野県松本市生まれ。慶應義塾大学経済学部卒業後、NHK入局。ディレクターとして様々な教養番組、ドキュメンタリーを手掛ける。その後「英語でしゃべらナイト」「爆笑問題のニッポンの教養」「ソクラテスの人事」「仕事ハッケン伝」「ニッポン戦後サブカルチャー史」「ニッポンのジレンマ」などの企画を開発、プロデュース。現在も「欲望の資本主義」「人間ってナンだ？超AI入門」「地球タクシー」「ネコメンタリー 猫も、杓子も。」他、時代の潮流を捉えた異色の教養番組を企画、制作し続ける。
著書に『結論は出さなくていい』（光文社新書）、『14歳からの資本主義』『すべての仕事は肯定から始まる』（以上、大和書房）、制作班などとの共著に『欲望の資本主義』『欲望の資本主義 2』『欲望の資本主義 3』『岩井克人「欲望の貨幣論」を語る』（以上、東洋経済新報社）、『マルクス・ガブリエル 欲望の時代を哲学する』『マルクス・ガブリエル 欲望の時代を哲学するII』『マルクス・ガブリエル 危機の時代を語る』『AI以後』（以上、NHK出版新書）、『欲望の民主主義』（幻冬舎新書）など。東京藝術大学客員教授、早稲田大学非常勤講師も兼務。

欲望の資本主義 4
スティグリッツ×ファーガソン　不確実性への挑戦
コロナ危機の本質

2020年11月5日発行

著　者――丸山俊一＋NHK「欲望の資本主義」制作班
発行者――駒橋憲一
発行所――東洋経済新報社
〒103-8345　東京都中央区日本橋本石町 1-2-1
電話＝東洋経済コールセンター 03(6386)1040
https://toyokeizai.net/

カバーデザイン……橋爪朋世
D T P…………アイランドコレクション
編集協力………岩本宣明
印　刷…………東港出版印刷
製　本…………積信堂
編集担当………矢作知子
Printed in Japan　　ISBN 978-4-492-37128-2